好邻聚社区便民服务连锁

打造中国规模最大的新型社区连锁终端

招商电话 **4000 261 251**

社区服务「好邻聚」

COMMUNITY SERVICE NEIGHBOR

「好邻聚」生活管家是联合社区居民、物业服务商与知名商家进行有效互动的综合性资源整合平台，以社区为单位，为社区居民提供**健康、便捷、乐活**的社区生活连锁服务机构。

BACKGROUND OF ENTREPRENEURSHIP

「好邻聚」生活管家以便民利民为切入点，为社区居民提供 360° 社区服务，联合众多品牌企业与物业强强联合，通过多元化服务板块的实施所产生的影响力，实现便民服务品质的有效提升。随着项目的不断深入推进，相关受益不断扩大，在就业、社区服务、居家养老等多方面为政府、社区、物业带来良好口碑。

社群营销

终端一公里的战争

李锋　葛静　著

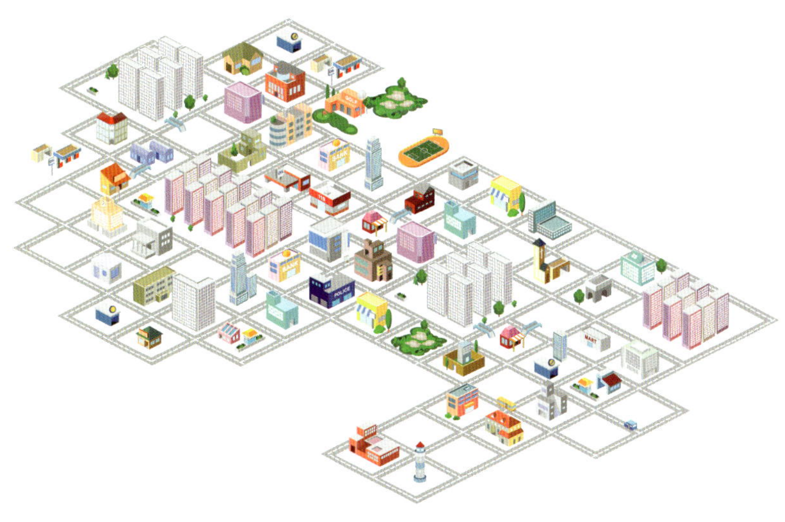

中国财富出版社

图书在版编目（CIP）数据

社群营销：终端一公里的战争 /李锋，葛静著．—北京：中国财富出版社，2014.12

（企业成长力书架）

ISBN 978 - 7 - 5047 - 5452 - 3

Ⅰ.①社… Ⅱ.①李… ②葛… Ⅲ.①社区—市场营销学 Ⅳ.①F713.50

中国版本图书馆 CIP 数据核字（2014）第 251532 号

策划编辑	丰　虹	**责任印制**	方朋远
责任编辑	丰　虹	**责任校对**	杨小静

出版发行	中国财富出版社		
社　　址	北京市丰台区南四环西路 188 号 5 区 20 楼	**邮政编码**	100070
电　　话	010 - 52227568（发行部）		010 - 52227588 转 307（总编室）
	010 - 68589540（读者服务部）		010 - 52227588 转 305（质检部）
网　　址	http://www.cfpress.com.cn		
经　　销	新华书店		
印　　刷	北京京都六环印刷厂		
书　　号	ISBN 978 - 7 - 5047 - 5452 - 3/F · 2267		
开　　本	710mm × 1000mm　1/16	**版　　次**	2014 年 12 月第 1 版
印　　张	20	**印　　次**	2014 年 12 月第 1 次印刷
字　　数	317 千字	**定　　价**	39.80 元

前言

在过去，企业和商家关心的是如何提高产品质量，满足更多需求；如何降低产品成本，从而获取价格优势。只要抓住了这两个方面，成为市场的领头羊就是板上钉钉的事情。但在产品严重过剩的今天，绝大多数行业都处于买方市场，为了争夺客户源，竞争越来越激烈，已经很难再从质量和价格上争取到优势了。发掘客户、留住客户、将产品确实地卖出去的重担，终归要落到营销的肩上。

营销，说简单很简单，即使一个没什么经验的人，读几本书，做几天生意，自己也能摸索策划出一套活动方案来；但是，说难也难，无数的企业和商家挖空心思地搞营销，也不是每次都能取得成效。

传统的营销，花样早已被玩儿了个遍，别说消费者厌倦了，估计企业和商家自己也都厌倦了。新兴的网络营销，专业的名词一个接一个，今天是电商营销，明天是微博营销，搞得人云里雾里，不知道什么是、什么不是。

开展营销，不只是要将产品卖出去，更重要的是要把品牌和口碑树立起来，这样，在消费者的眼中，你的企业才不会成为“芸芸众企”中毫无特点的一员，而是一个无可替代的选择。

品牌和口碑的树立，在社群中更加容易实现。社群是由处在一定的地域范围，有着相似的兴趣、爱好、价值观，相互之间具备一定交往关系的人组成的群体。只要获得了社群中的一小部分典型人群的认可，就很容易获得其他人的认可，这对于品牌和口碑的树立是极其有利的客观条件。

随着现代化进程的推进，在城市中逐渐产生了分界更加明确的社群，那就是城市居民所属的社区。在社区中开展营销活动，就是现代社群营销的主要方向，也是本书的主要内容。

《社群营销》这本书共分为七章，采用图文并茂的表现方式，从进入社区的方式方法，到营销活动的调查、策划和准备，再到活动的开展、互动，以及最后的活动效果的长期维持，全程为您展现社群营销的方方面面，并进行细致入微的介绍。本书还专门展开一章着重介绍了网络社群营销，详细叙述了在网络时代社群营销的新平台、新方式，使您能结合线上及线下同时铺开营销活动，从而取得更理想的营销效果。

本书全文语言精简通俗，并搭配有丰富的案例，相信您一定能轻松阅读，透彻理解，并能够学以致用。

比起各类雨后春笋般大量出现的新式营销概念，社群营销具备更广泛的适用性，有着更强的操作性，企业和商家的每一位成员也都是隶属于某个社区的成员，对于社区的特点、功能，也都有着自身的理解和切身的感受，相信社群营销能够让广大营销人员们感觉更亲近、更易接受。

无论你是企业的经营者还是营销经理，或者只是一名普通的营销人员，通过本书的阅读与学习，都一定能对社群营销有一个全面清晰的认识，都能在心中描绘出一份属于自己的、有助于企业的营销活动。广大读者朋友们的收获与成功，不仅将成就自己，也将成就本书！

作　者

2014 年 10 月

如何阅读本书

● 细致有序地阅读

本书在写作时，尽可能地按照社群营销的开展顺序来陈述，进入社区、整合资源、策划方案、挖掘机会、互动联盟、效果加固，每一个环节都是开展社群营销不可或缺的一部分。所以希望您在阅读时不放过本书的每一个章节，而不是只关注自己希望看到和了解的，这样更有助于您对社群营销的整体性把握。

● 边阅读边思考

正在阅读本书的您，可能是一家大企业的营销经理，也可能是一家商铺的经营者，并非所有书中介绍的营销方法都适合您。所以，最好能够带着企业的现状，带着自己的问题来阅读，思考哪些是自己能够借鉴的，哪些是自己曾经做得不好需要改进的，哪些是不适合现在开展的，避免知识的生搬硬套。

● 边理解边记录

阅读本书时，您会有柳暗花明的感觉，书中介绍的都是非常实用的知识和技巧，没有什么晦涩难懂的内容。在阅读时提炼出每一节的中心和重点内容，用自己的语言列出纲要，可以让您更好地记忆和理解书中的知识，也可以让您在制订社群营销方案时有更清晰的思路，使方案更具条理性。

● 学以致用，付诸实践

本书的写作目的，并非只是想让您掌握一种新的营销理论和方法，而是希望您能将这些知识应用到企业营销中去。所以在阅读到相应内容时，就要思索该环节在工作中要怎样结合企业的现有资源去操作和执行，使之能够得以实现。只有通过实际应用帮助您的企业创造了利益，您所学到的知识才是真正地实现了价值。

如何阅读本书

细致有序地阅读

边阅读边思考

边理解边记录

学以致用，付诸实践

目录

Contents

引言

社区是未来营销的一个主战场

第一节 社区是营销中的一块大蛋糕

随着社会的发展和建设，城市已经趋向于社区化的发展，不仅仅是城市，甚至农村也开始实行社区化的管理。在社区化的实行和普及这种环境下，一种新生的营销方式便由此诞生，那便是社群营销。对于诸多受困于营销的企业，社区就像一块美味的大蛋糕般充满着诱惑，让他们争先恐后，生怕错失先机。

社区化生活方式越来越火

在过去的几年中，“社区”一词越来越多地出现在人们的视线里，备受大家关注。

当今时代的城市生活中，社区作为最基本的构成单位，起着至关重要的作用。它是组成城市的一个单位级别，模式成熟，种类繁多，是推动城市现代化、特色化建设的关键因素。从意义上来讲，没有好的社区就没有高品质的生活。

一个成熟的社区，不仅要满足人们最基本的居住需求，还会设有一整套满足居民日常生活需要的基层公共服务设施和机构，便利店、超市、学校、诊所等，能够满足人们购物、教育、医疗等各个方面的需求。一个社区便能成为一个独立的生活圈，让在其中居住的人们能够尽享丰富便利的生活。

随着社会的发展，目前城市中的大多数人口已经形成了一种社区化的生活方式。那什么是社区化的生活方式呢？所谓的社区生活就是指聚居在一个地方的人，通过直接或者间接所形成的一种共同生活的群体。在社区里面生活的人们会形成独特的生活方式或者文化心理，他们经常组织特定的社会活动来维持一种社会关系。

社区是一个大集体，每个人的生活都不同，他们的理念爱好、生活习惯都有着差异。所以社区有着多变性、多样性，因为每个人的个性想法都是不同的，分歧也是在所难免的。但是社区生活方式不是压制一切冲突，而是化解冲突。社区生活的理念就是在这里生活的每一个人都自由多彩，健康快乐，每个人都有着自己的小天地，可以邀请他人一起来填充快乐，这就是社区化的生活方式。

物质生活便利
购物
居住
教育
医疗
精神生活自由
娱乐多彩
交流自由

传统营销渠道竞争加剧催生创新

传统营销渠道主要是指传统营销模式中，产品从研发生产最终到达消费者手中所经过的渠道，包括连锁渠道、经销商渠道、代理商渠道、专卖店渠道、展会，等等。

传统营销渠道在很长一段时间里都在市场营销中扮演着重要的角色。传统营销渠道的市场覆盖面广，能让尽可能多的消费者有机会接触到产品。对于刚刚起步的企业来说，传统营销渠道也能有效地节约开支，让企业集中力量专攻企业的核心业务。将营销工作交由熟悉当地市场的商家来做，确保营销工作的快速开展。

但是，传统营销渠道是一种高度分离的营销形式，渠道上的各个成员之间彼此独立、各自为政、各行其是，每位成员都是优先考虑自身的利益。由于缺乏共同目标，企业也难以进行管理控制，不利于市场营销工作的进一步展开。

随着市场竞争的不断加剧，传统营销渠道的竞争已经异常激烈，而且增长缓慢。传统营销渠道看起来种类很多，但本质上却是相同的，都是建立在传统传播与交易工具基础之上的，营销手段也往往都是千篇一律。因此，传统营销渠道越是发展，就越是趋向于同质化，很难做出有新意的改变。

在这种环境下，企业若想扩大市场份额，取得市场营销的竞争优势，就必须打破常规，不能再完全依赖于传统营销渠道，而是要重视现代市场营销模式的开发创新。

如今，以阿里巴巴、淘宝为代表的电子商务营销渠道已经成为了现代市场营销的一种重要模式。随着微博、微信的兴起而诞生的“微营销”，也是营销模式上的重要发展和创新。

除去电商、“微营销”这类借助现代化信息传播工具开展的营销模式，人们所熟悉的，实体的、面对面的营销模式也仍然具有很大的创新空间，社群营销便是其中之一。

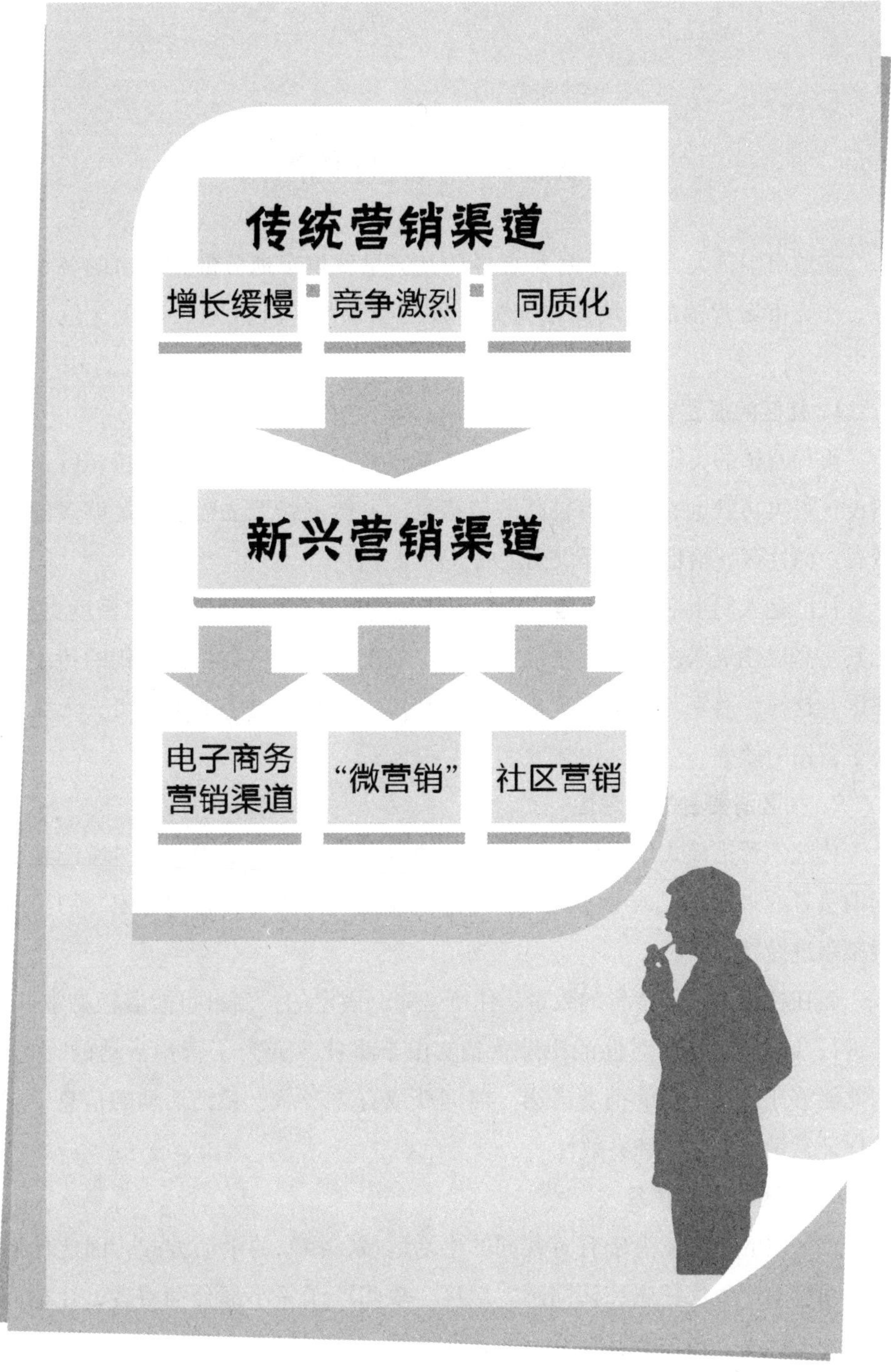
传统营销渠道
增长缓慢
竞争激烈
同质化
新兴营销渠道
电子商务营销渠道
“微营销”
社区营销

社区蕴藏着巨大无比的潜力

在城市中，大大小小、各种各样的社区星罗棋布地分散在城市的各个地方，作为市场营销的一块尚未充分开发的新领域，社区蕴含着无比巨大的潜力。

1. 社区的居住密度高

市场营销的关键要素之一便是人流量，如果没有人流量的支持，营销方案设计得再巧妙也难以取得较高的传播量，自然也就无法吸引到足够多的消费者。而社区，恰恰能够提供充足的人流量保证。

社区是人们生活的聚居地，相对于传统的居住区，社区的居住密度更高。尤其是高层建筑居多的现代化社区，住户数量要远远超过相同面积的传统居住区。这样，商家开展同等规模营销活动便能够吸引更多的消费者，无疑提高了营销的效率。

2. 社区消费者的固定性

传统的营销模式中，商家只能在与消费者的初次接触中，竭尽所能地引起消费者的兴趣，促成交易达成。一旦没能成交，消费者各回各家，商家就很难跟进做二次销售。

而在社区内，消费者的数量、住所是完全固定的，商家也能够轻易掌握，并进行及时的、有针对性的跟踪营销。由于将社区变为了营销活动的现场，因此能够让该社区内的消费者第一时间获取有关产品、营销活动的信息，能够保证营销的针对性和有效性。

3. 社区的情感联系

社区内的居民，由于有着共同的生活区域，相似的生活方式，因此他们之间很容易产生信任感和认同感。一旦“攻陷”了一小部分消费者，让他们购买你的产品，往往能够吸引一大批消费者。

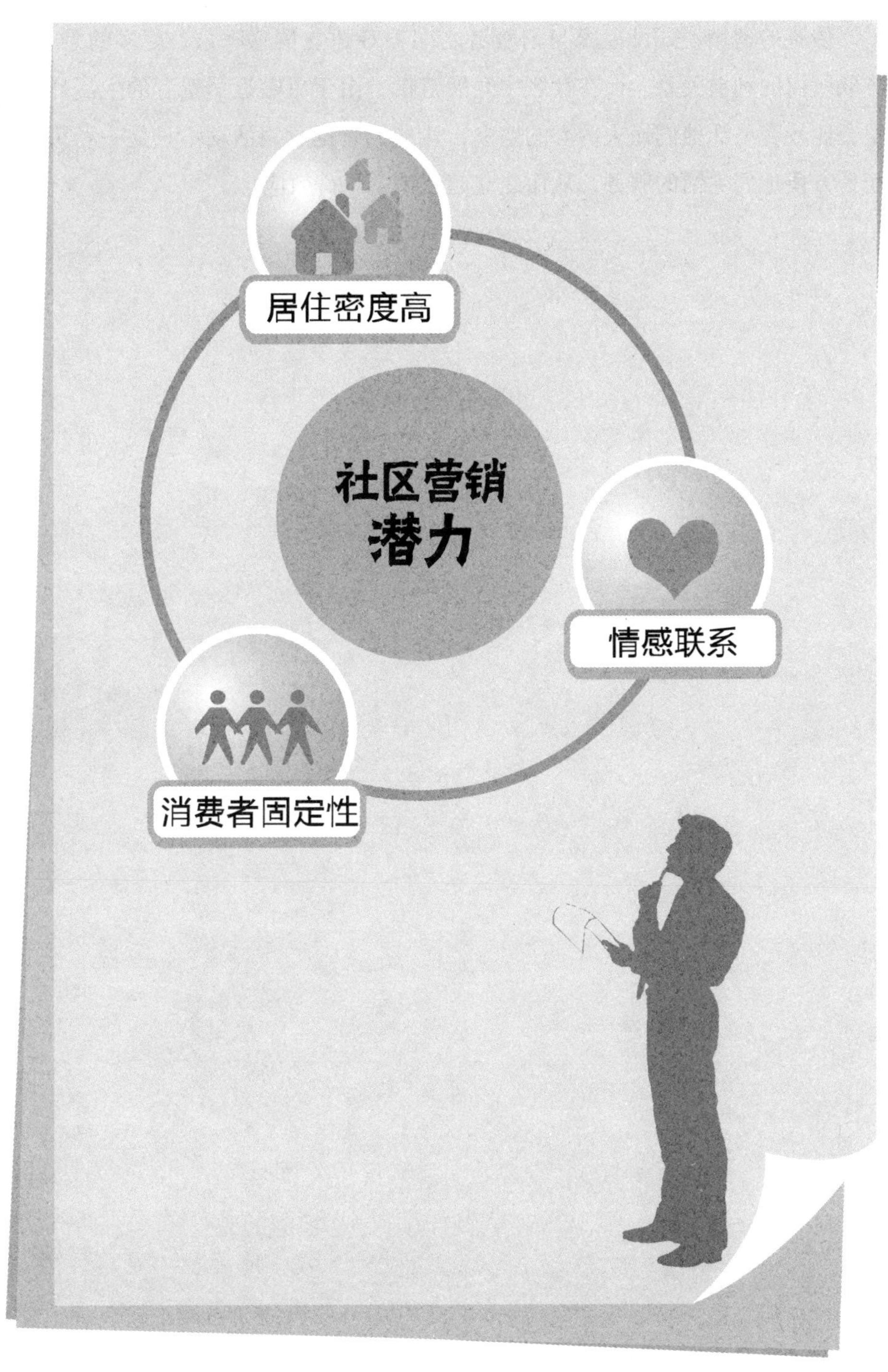
居住密度高
社区营销
潜力
情感联系
消费者固定性

传统的营销模式，商家与消费者之间很难建立情感联系，更多的是一种各取所需的利益关系。而在社区中开展营销，由于更贴近消费者的生活环境，就会比较容易让他们撤去内心的壁垒，让他们感觉营销活动不只是一场买卖，而是方便他们生活的服务，从而建立起营销的口碑效应。

第二节 社群营销的概念解读

有许多饱受传统营销之苦的企业或商家，看到社群营销仿佛是捡到了“救命稻草”，不管三七二十一，仅凭自己片面的主观认识便盲目地开展社群营销。丝毫不去仔细剖析社群营销的内容，也不考虑其与产品的契合度，这显然不是正确的做法。做社群营销之前，首先要对其有全面深刻的认识。

什么是社群营销

社群营销，从字面上理解，就是“在社区中营销”。社群营销是一种区域性营销方式，是以住宅社区作为主要销售区域，以家庭用户作为主要销售对象的全方位营销活动。

因为直接接触客户，所以社群营销被认为是厂家直销方式的一种。社群营销如今已经逐渐被一些生产型企业视为一种全新的分销方式，并被越来越多的企业所关注。

社群营销并非简单的小区推广或促销，随便找一个人流量大的社区，摆个摊点，然后不停地叫卖，大搞产品优惠和促销，这些并不是社群营销。

社群营销是一种全方位的营销活动，包括市场调查、产品选择、人员组织、广告宣传、活动开展、市场公关等。传统的市场营销所包含的要素，需要做的工作环节，社群营销一应俱全，它是一个完整的营销系统，是一个新型的营销渠道。

社群营销集宣传、推广、体验于一身，深入消费群体内部，有着其他营销方式无可比拟的优势。虽然社群营销不像传统的广告宣传那样声势浩大，影响广泛，但却可以深深扎根于各个社区内部，春风化雨般地遍地开花，拥有较高的普及率。

在产品的导入期和发展期采取社群营销，能够迅速启动局部市场，取得更加直接的营销效果。不仅能够促进新产品的销售，使其在市场中站稳脚跟，也有利于发掘和培养忠实消费者，扩大产品和品牌的影响力。

社群营销是以引导为主，力求增加产品的知名度，扩大产品的群众基础。社区可以成为企业和商家营销的一个主要阵地，但不可能完全取代其他营销模式。想要取得最佳的营销效果，就不能把社群营销完全孤立起来，而是要与其他营销渠道有机地结合。

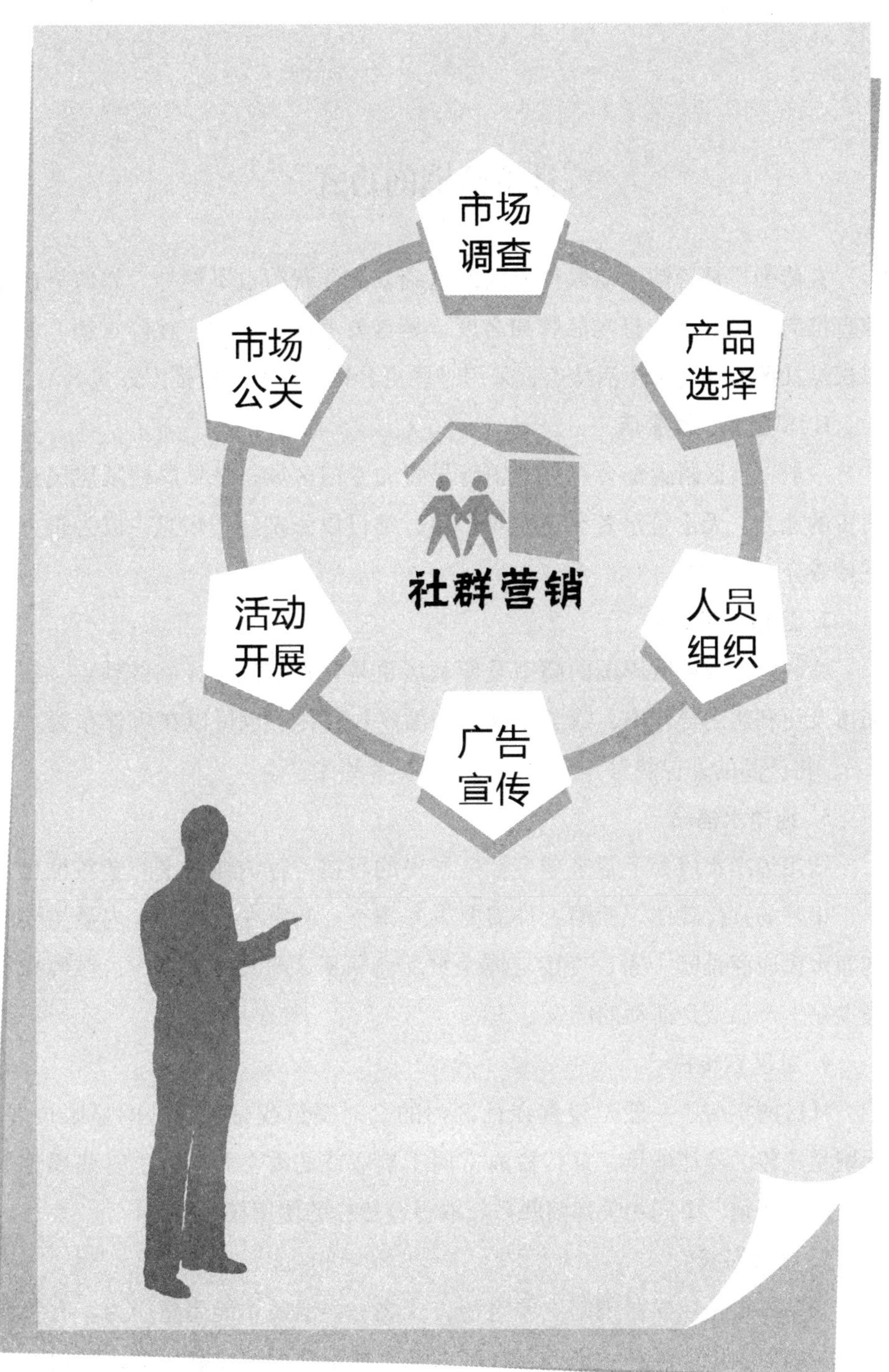
市场
调查
产品
选择
人员
组织
广告
宣传
活动
开展
市场
公关
社群营销

社群营销的方式

宣传推广是营销活动取得成效的基础，社群营销也不例外。如何将产品信息推向社区，迅速打响品牌知名度，是首要考虑的问题。社群营销，便可以根据社区的环境和生活特点，采用一些更具针对性的宣传推广方式。

1. 早餐车、早餐店

一般，社区附近都会有集中销售早餐的专门区域，是早晨社区居民最为集中的地方。无论是早餐车还是早餐店，都可以张贴宣传信息，成为很好的宣传媒介。

2. 超市、便利店

社区内部或社区周围的超市及便利店也是住户们经常光临的地点。在与超市及便利店的合作中，除了传统的平面广告宣传，也可以在店外布置“堆头”，将产品的外包装整齐堆砌，吸引消费者的注意。

3. 纯净水桶贴

饮用纯净水成为了越来越多社区居民的习惯，容纳纯净水的塑料桶也是一个很好的宣传载体。营销人员需要事先调查，确定在目标社区内最主要的纯净水供应商是哪一家，直接与纯净水厂商联系，与其开展合作，在纯净水桶上贴上产品或是活动的广告。

4. 社区宣传栏

社区的宣传栏一般都设置在社区内的交通要道或是入口处的显眼位置，无疑是宣传的绝佳地点。宣传栏通常属于物业或居委会管辖，也有些属于当地工商局管辖，要同相关部门联系，取得宣传栏的使用权。

5. 张贴海报

张贴海报是社群营销的主要宣传方式之一，但是不能恣意而为。有些商家为了确保宣传范围和效果，在社区内毫无规划地大量张贴海报，影响了社

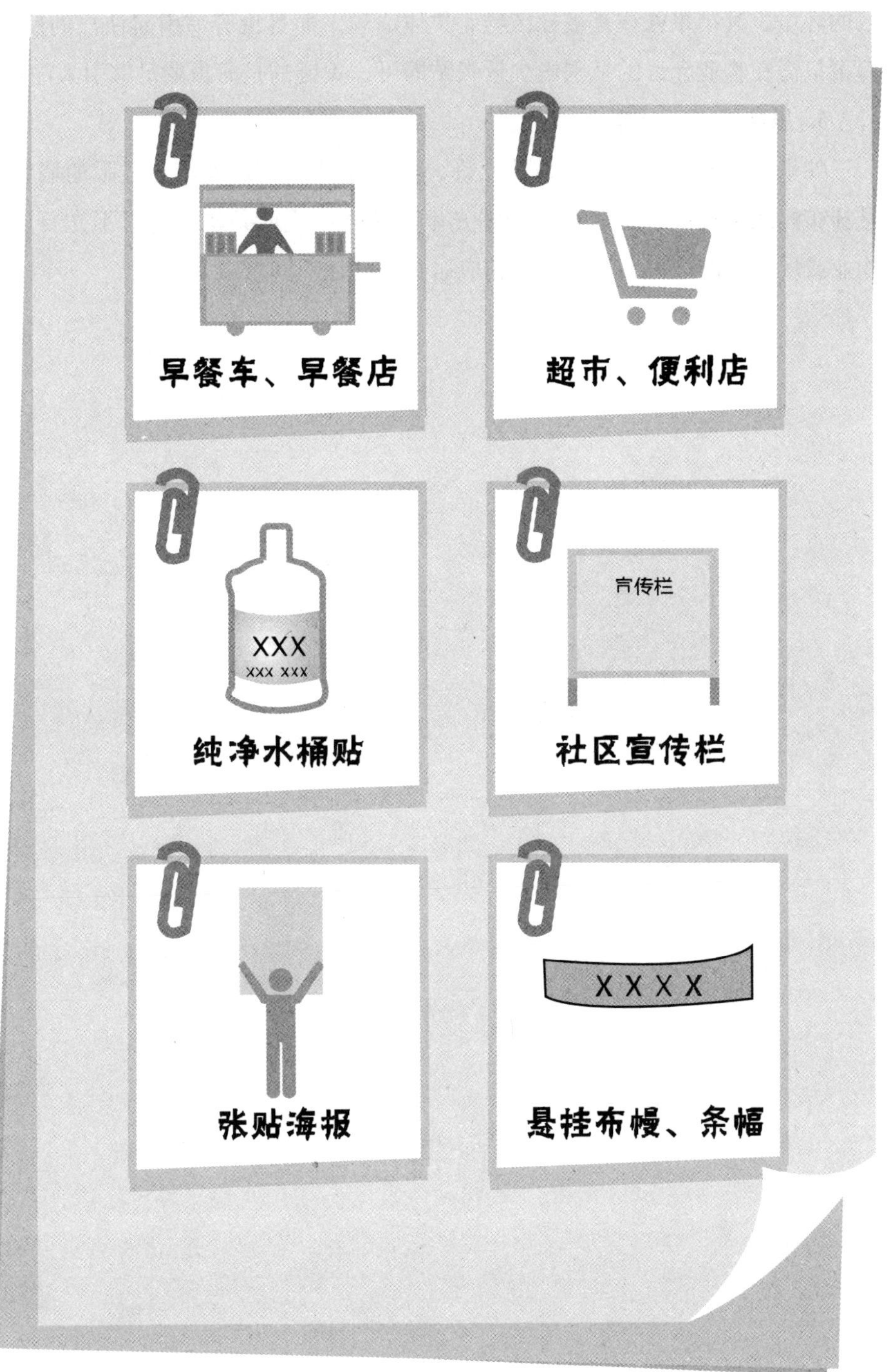
早餐车、早餐店
超市、便利店
XXX
XXX XXX
纯净水桶贴
宣传栏
社区宣传栏
张贴海报
XXXX
悬挂布幔、条幅

区的环境，其结果往往是被社区物业集体清理，而且也容易引起住户的反感。海报只需在物业允许的范围内少量张贴即可，关键的是海报要足够引人注目。

6. 悬挂布幔、条幅

如果社区的地势和建筑条件允许，可以在社区入口处较为显眼的墙体上悬挂布幔或条幅广告，有很高的曝光率。悬挂布幔或条幅广告，不光要取得物业或居委会的许可，还要征得相应居民楼的住户同意。

哪些行业最适合社群营销

营销方式千差万别，对于任何企业和产品来说，都没有最好的营销方式，只有最适合的营销方式。每一种营销方式都有适合其发挥的产品、地域或时机。

同样的，也不是所有的行业都适合社群营销。如果是不适合的行业或产品进行社群营销，非但不能取得积极有效的作用，可能还会对企业和产品本身造成伤害。

举个最简单的例子，以企业为主要销售对象的产品，社群营销显然起不到什么作用。社群营销的目标十分明确，就是社区内的住户，目标客户群是企业的产品又怎么能在社区里找到市场呢？

一些高档产品，例如珠宝首饰等，同样不适合社群营销。想象一下，一个高档的珠宝首饰品牌在社区内部摆摊设点做营销，无疑降低了自身的格调。而且，对于一般消费者来说，难以判断珠宝首饰的真假或是评估其价值，因此他们心里难免会犯嘀咕："在社区里做活动的珠宝首饰，会不会是假货？或者是品质不高、档次较低？"

一般来说，家庭和居民的日常消费用品，以大众为销售对象的产品，消费者比较熟悉的产品，社群营销都大有可为。进行社群营销的产品，最好能让消费者第一眼看到便感觉"这东西能用到""我好像需要它"。

日常生活所需的食品，与健康息息相关的保健品，家庭日常所需的家具、电器，必要的通信和电子设备，出行时所需的代步工具，还有一些便民服务，如开锁、疏通、维修等，适合进行社群营销的行业多种多样。总之，就是要紧紧抓住社区住户们日常的衣、食、住、行、用这几大关键点来进行考量。

行动之前，先明确行业和产品的目标市场以及社群营销的内容、特点，考虑清楚自己的企业或产品是否适合社群营销，避免"竹篮打水一场空"。

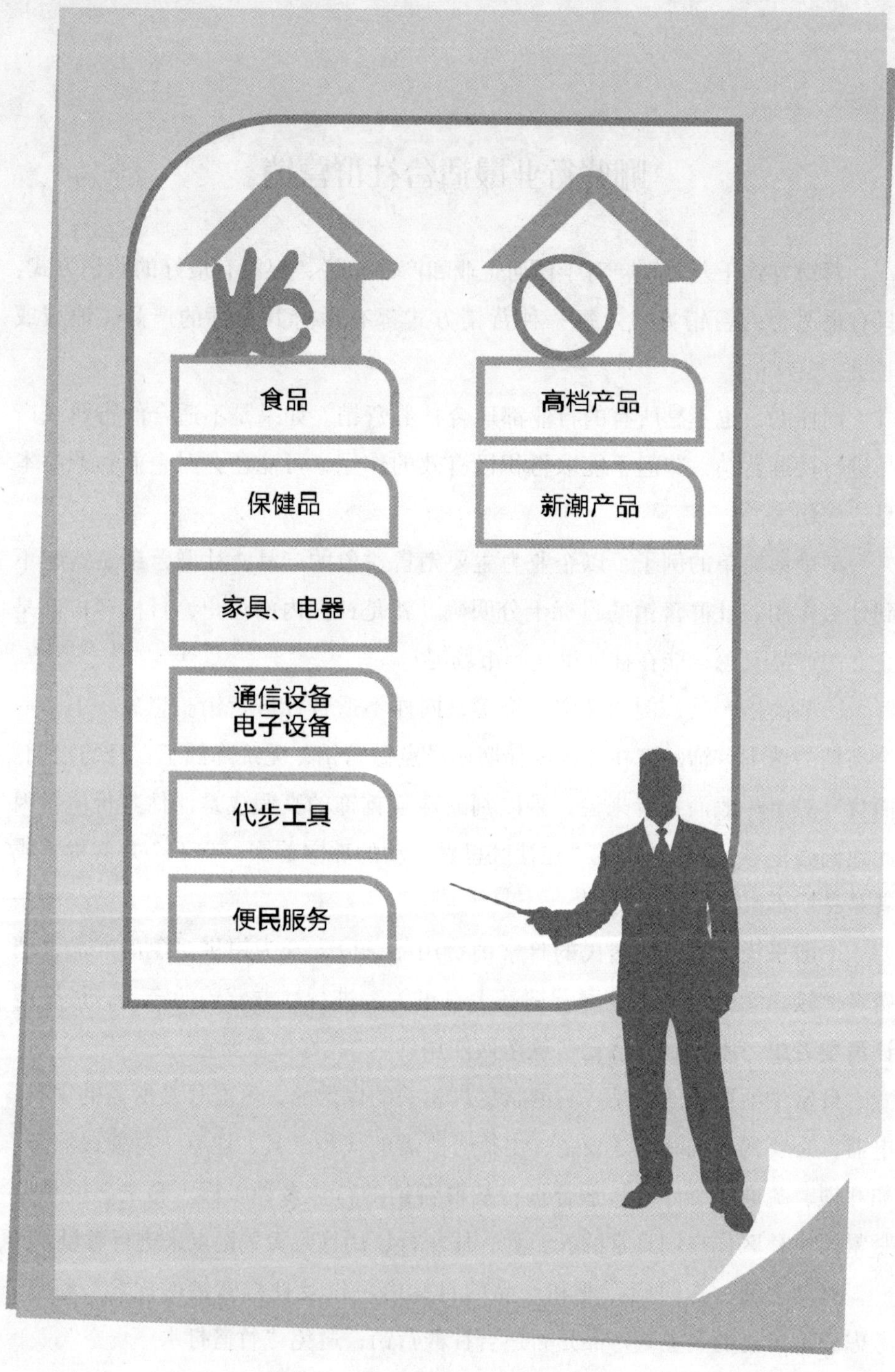
食品
保健品
家具、电器
通信设备
电子设备
代步工具
便民服务
高档产品
新潮产品

社群营销的五大特点

1. 销售渠道与传播渠道的统一

传统营销渠道更多的是担任销售渠道的角色，而随着同类产品和渠道的竞争加剧，便会很快地趋于同质化。想要使产品有更高的辨识度，就需要传播渠道的引导。社群营销既能促进销售，又能同消费者进行实时的交流，是一种同时具备销售与传播双重角色的营销渠道。

2. 注重品牌建设

在品牌引领消费的今天，单靠优质的产品是不够的，必须要建设强大的品牌。传统的营销套路无非是发个传单，搞个活动，最后现场促销。而社群营销，不仅仅关注销售，同时关注与社区内消费者进行零距离的交流和沟通，这无疑能给消费者留下更深的品牌印象。

3. 最佳信息接触点

营销离不开宣传，传统的营销宣传总是铺天盖地的广告攻势，虽然来势凶猛，但却很没效率。社群营销的宣传，更注重的是“精确度”。虽然宣传面向的消费者数量不是很多，但是由于消费者和地点的固定性，可以进行更为精确细致的针对性宣传，保证宣传对象尽可能接触到广告并产生兴趣。

4. 活动的共同策划

传统的营销活动通常都是企业或商家独立策划并实施的，而社群营销，就需要同社区物业进行咨询合作，共同策划。物业公司更为了解社区的实际情况和住户的实际需求，而且同住户间更为熟悉融洽，这些都有助于营销活动找准方向。如果仅从企业或商家自身角度出发，难免会“剃头挑子一头热”，活动挺热烈可消费者却不买账。

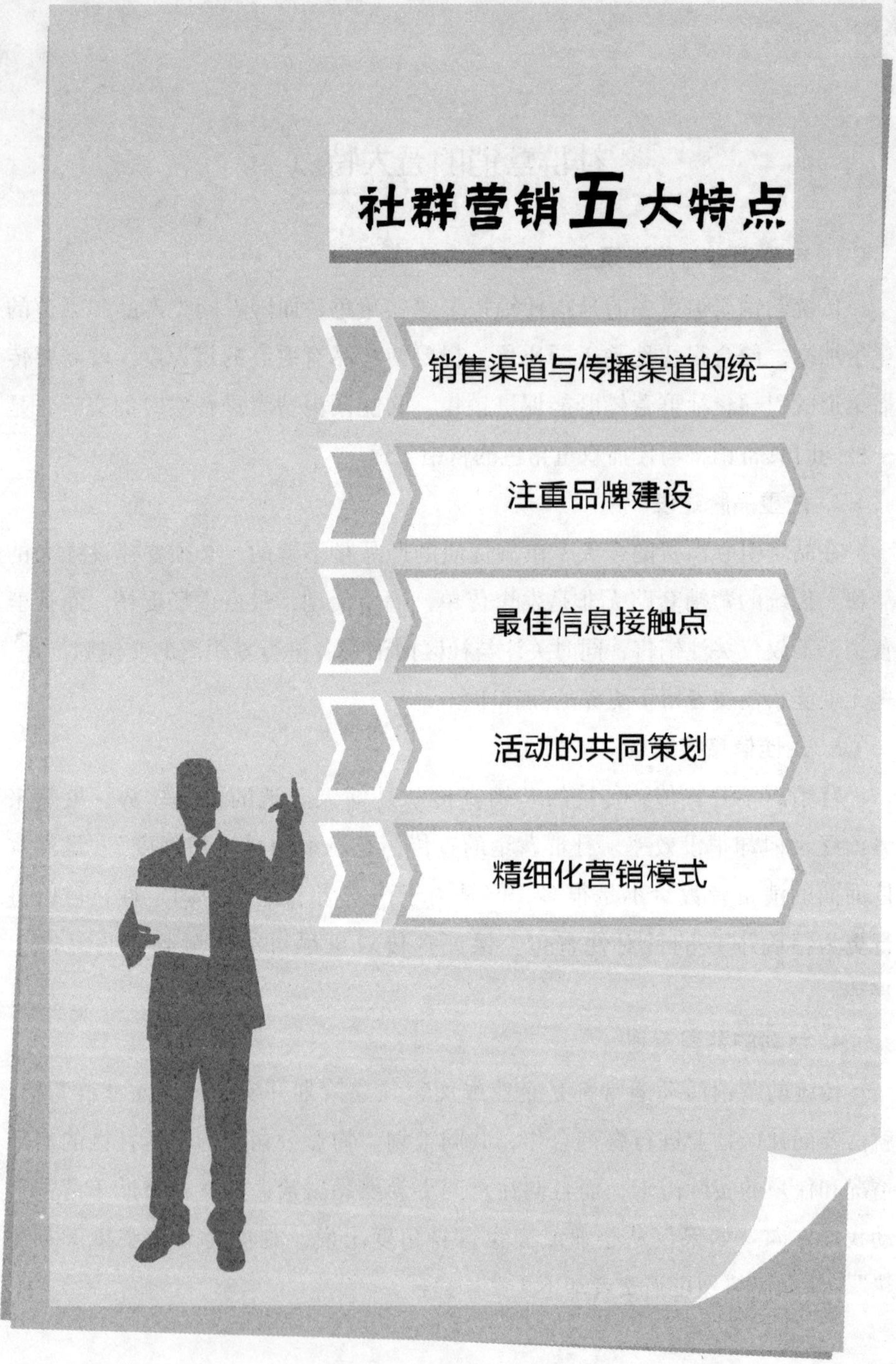

社群营销五大特点

销售渠道与传播渠道的统一

注重品牌建设

最佳信息接触点

活动的共同策划

精细化营销模式

5. 精细化营销模式

社区的封闭性和住户的固定性为社群营销的精细化运作提供了有利的条件。企业和商家可以建立数据库，将社区内消费者的信息全部录入，再根据消费者的年龄、爱好、职业等进行有针对性的宣传、推介，提高营销的效果。

社群营销的六大优势

1. 针对性强

由于同一社区内的人们往往有着相似的生活习惯、认知和消费意识等，因此社群营销有很强的针对性，可以根据产品和社区内消费者的特点进行集中重点的宣传，使营销更具穿透力和杀伤力。

2. 氛围好

社群营销由于贴近消费者的生活，很容易引发消费者的共鸣，配合社区内长期的宣传推广，可以显著提升消费者的购买欲望。在消费者尝试产品后，可以提供优质的售后服务，培养消费者的品牌忠诚度，甚至是培养或改变消费者的消费观念。

3. 口碑宣传比例高

社群营销形式直接，消费者能够现场体验，可信度较高，而且消费人群密度高，为口碑扩散提供了有利条件。同时，社区内消费者有着相似的认知，相互之间有较高的信任感，这些都能使口碑宣传的效果更加明显。

4. 投入少，见效快

社群营销由于范围固定，而且主要依托于社区内的宣传媒介，因此并不需要很高的资金投入。社群营销能够直接接触消费者，省略了一切中间环节，也不需要苦苦等待消费者前来，往往能够更快地取得成效。

5. 培养典型消费者

社群营销的运作范围相对较小，因此可以集中有限的资源和精力向小部分做推荐，做跟踪，提高产品的试用率。社群营销直接面向消费者，双方更容易建立信任和情感纽带，使消费者成为产品或品牌的“粉丝”，这些典型消费者能够使产品在社区内的影响力迅速扩大。

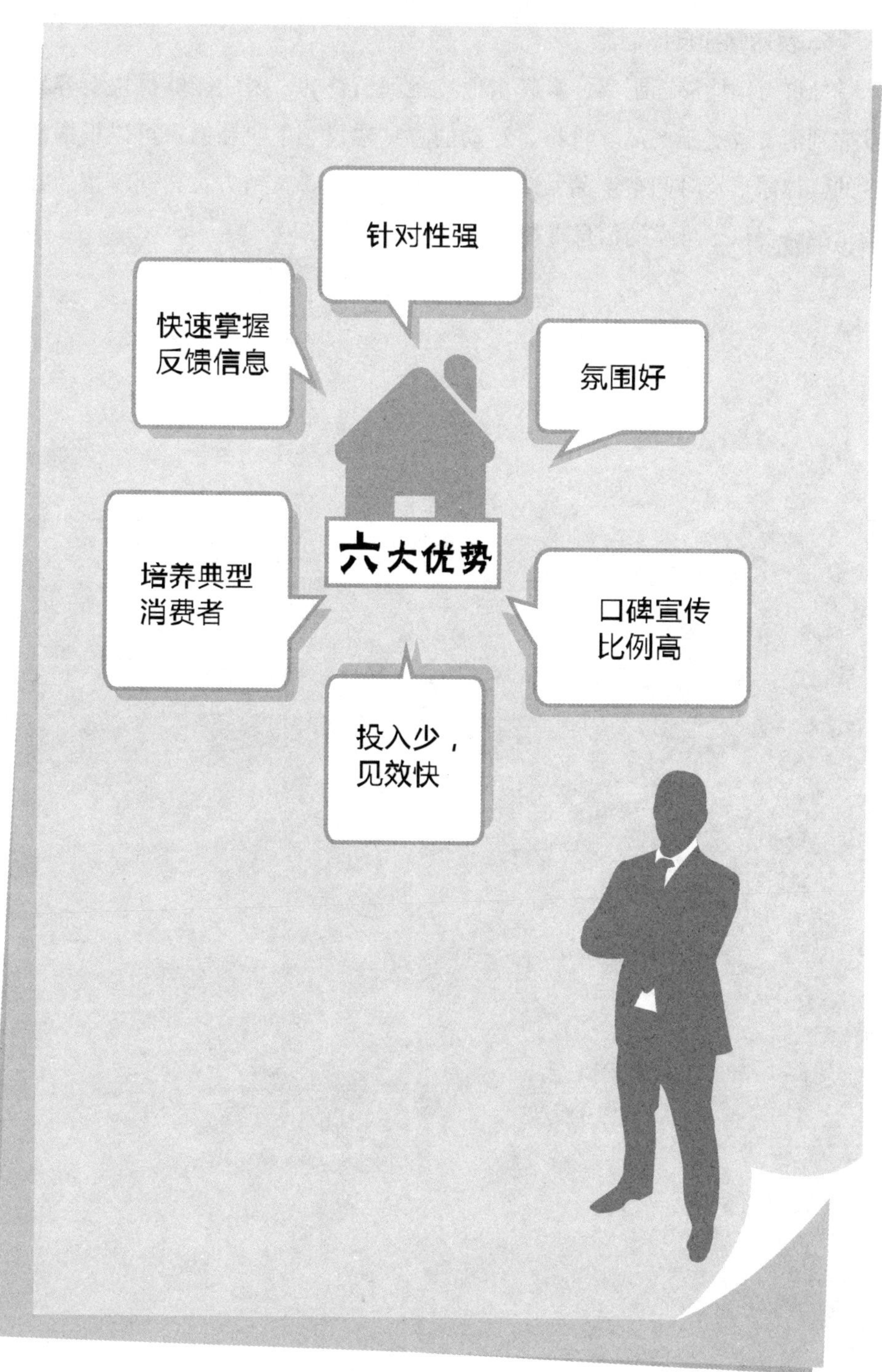
针对性强
快速掌握反馈信息
氛围好
六大优势
培养典型消费者
口碑宣传比例高
投入少，见效快

6. 快速掌握反馈信息

社群营销能够近距离、多频次地接触到消费者，因此能够更快更容易地掌握到消费者对于产品、价格、活动的意见建议。企业和商家可以根据消费者的具体需求及时调整产品策略和活动内容，改善营销方案，同时也为社群营销战略提供了可靠的信息支持。

第三节
社群营销的八大注意事项

有许多企业和商家开展社群营销后，发觉没能取得预期的效果，于是很快地放弃，还抱怨说："社群营销根本没效果!"实际上并不是社群营销没效果，而是他们根本没能深入了解社群营销的特性，没能制定出合理的营销规划，没能正确处理社群营销中需要注意的事项，最终导致了社群营销惨淡收场。

注意1：整体性规划

社群营销是一个完整的系统，从前期的市场调查、产品选择，到中期的方案策划、活动开展，再到后期的跟踪反馈、修正改善，每一步都需要企业或商家提前进行全面的规划。如果只是做到哪儿算哪儿，毫无计划性，社群营销就很难取得好的效果。

周先生是一家便利店的店主，平日面向的客户主要都是附近社区的居民，因此他觉得社群营销非常适合自己的店铺，肯定能助推销量。但是周先生错误地认为社群营销和促销没啥两样，只是地点换成了社区里而已。于是周先生每次都是在发现销售出现问题时才“临时抱佛脚”，寄希望于社群营销，在社区里开展一些打折优惠活动，最初的一两次还算取得了不错的效果，但是消费者逐渐对这种千篇一律的模式感到麻木了，营销效果每况愈下，再也无法达到周先生的期望值了。

周先生失败的根源就在于没有进行整体性规划，开展社群营销总是随兴所至，感觉有需要了才匆匆地安排，既没有事先的推广预热，也没有同社区居民建立情感联系，这样的社群营销，每次开展都需要从“零”开始，浪费时间与精力不说，效果也必然会大打折扣。

做社群营销，就不能把它单纯地看成一种促销工具，而是要作为一个专业化的营销渠道。只要销售的产品适合社群营销，我们在做年度战略规划时，就可以把社群营销作为一整个项目单独地列出来，认真地做好营销整体性规划，从策划到执行，组织、安排好每一次活动。在关注销售的同时还要关注同社区消费者的交流沟通，培养社区消费者对品牌的认知度和认可度。这样做社群营销，才有可能取得更丰厚的回报。

社群营销和促销没啥两样，
只是地点换成了社区里而已。
XX便利店
五折
做社群营销，就不能把它单纯地看成一种促销工具，
而是要作为一个专业化的营销渠道。

注意2：持之以恒

许多企业和商家在做社群营销时总是急功近利，追求轰动效应，希望能够“一口吃成个大胖子”。虽然社群营销在快速启动局部市场方面具备一定的优势，但并不意味着通过一次活动，几天的推广就一定能取得显著的成效。

一些企业和商家总是抱着过于乐观的心态，不切实际地认为只要在社区搞一次别开生面的“户外秀”就能让销量爆炸式地猛增，结果为活动大手大脚地花了一万元费用却只卖出了一千元的产品，这时的心理落差自然很大，草率地认定社群营销没效果，主动撤出了社区，将市场拱手让人。

社群营销的门槛较低，营销手法简单直接，很容易被竞争对手模仿跟进。如果只是将社群营销作为一种短期行为，“打一枪换一个地方”，在没有培养起消费者的品牌忠诚度前没能始终坚持，市场就会很快被竞争对手侵蚀，最终前功尽弃。

我们当地有一家水果店，刚开始时只是一家很小的门面，没有名气，也没有品牌。店主一直踏踏实实地经营着，每一个月都会在附近社区里开展一次优惠促销，推广一些当季的品质优良的水果。促销的力度并不大，只是稍稍便宜了一点，也没有热闹非凡、引人注目的现场活动，很是不起眼。但是每次活动中店主推广的水果都绝对新鲜美味，价格也相当公道。

店主就这样孜孜不倦地将活动持续了两年，附近社区居民对他的店铺越来越认可，每次买水果都会优先去他的店里看一下。而且居民们不再只将他看作一个商人，而更像是共同生活的好邻居，有什么意见建议总是直言不讳，这为店主的经营带来了很大的帮助。

这位水果店主的成功，关键就在于坚持不懈，持之以恒，他没有将社群

企业和商家在进行社群营销之时，
急功近利，只会前功尽弃，
持之以恒、稳扎稳打才能获得成效，
占领市场。
本月优惠
时令水果
1.98元一斤

营销单纯作为促销的手段，更多的是作为品牌渗透的方式，最终占领了社区市场。

企业和商家在决定进行社群营销之时，就要将其作为一种长期战略，而不是哗众取宠的炒作手段，这样才能使社群营销发挥出真正的作用。

注意3：产品及企业的特性

有些产品在做社群营销时能取得立竿见影的效果，销量飞速地提升，而有些产品却看的人多买的人少，销量停滞不前。造成这种差别的，可能不是营销活动的优劣，而是产品的特性所决定的。

譬如日常生活必需的一些快速消费品，牙膏、牙刷、纸巾、零食等，由于价格不高，消费者也没有太强的品牌忠诚度，也容易受到现场气氛的鼓惑，随机性购买概率比较高。一些高价格的家电，电视、空调、电脑等，消费者在选择和购买时就会很谨慎，现场的成交概率就非常小。而价格更高的汽车，就几乎不可能在社区直接销售了，更多的是进行宣传和展示，引起消费者的兴趣。

所以企业和商家在进行社群营销时，不能仅从现场销量就判断活动的有效性，还要结合产品的特性。销量高，不代表活动方案完美无缺，销量低，也不代表活动完全没有效果。

一些知名度较高的企业和商家在做社群营销时能很快地取得效果，因为消费者对他们比较熟悉，所以省去了自我宣传介绍、让消费者认可的时间。消费者对企业和产品都有一定程度的了解，不会去质疑产品和活动的真实性。

而一些知名度较低的企业和商家，在社群营销初期可能就比较难迅速地取得成效，因为消费者没有足够的认识和信任感。但这并不意味着知名度低就不适合去做社群营销，恰恰相反，因为社群营销更接近消费者，能更快地拉近企业同消费者的距离，所以正是积累名气、树立品牌的好方式。

要认识到让消费者了解企业是一个必要的过程，现在不去一点一滴地积累知名度，就只能永远没有名气，永远不能快速打开市场。

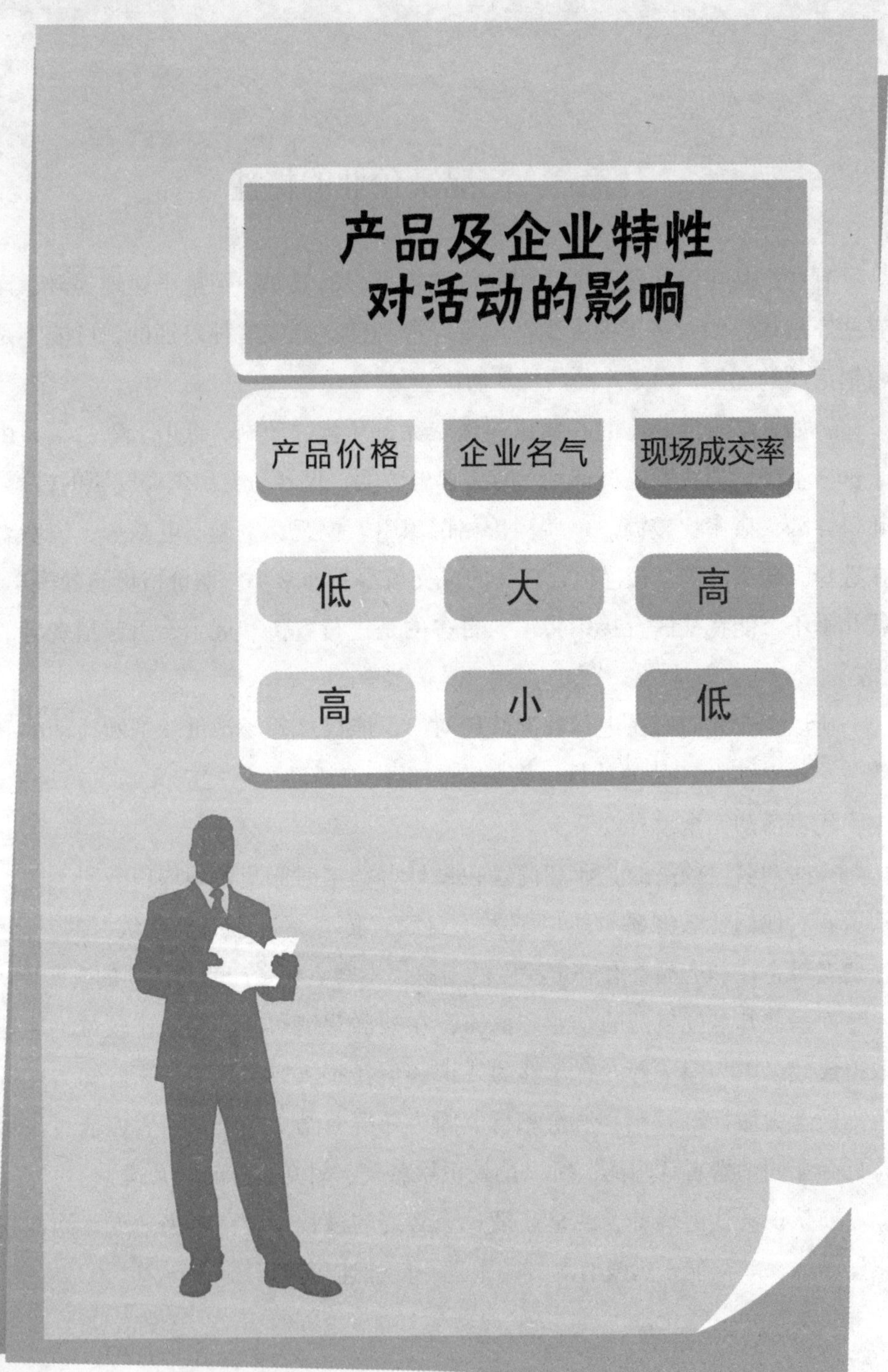
产品及企业特性
对活动的影响
产品价格
企业名气
现场成交率
低
大
高
高
小
低

注意4：社群营销推广的目的性

在社群营销开展前，要先想清楚这次活动的目的是什么。是为了直接提升销售额，还是仅仅做宣传推广，提高知名度？或者是两者兼顾？那么又应该以哪个目的为主？这些都是要提前设想和规划的。只有明确了目的性，才能制订有针对性的活动方案，让活动的计划不偏离方向，让活动的执行变得“有的放矢”，使社群营销的效果最大化。

社群营销的目的不是空想出来，想怎么确定就怎么确定的，而是要考虑到产品特性和企业的战略规划。

像上文所提到的，如果你的企业销售的是家电、汽车这类高价产品，指望通过一次社群营销活动就能让消费者在现场疯狂抢购，完全就是不切实际的妄想。这类高价产品进行社群营销的目的通常都是提高知名度，培养消费者对于品牌的认知和信任，进而推动产品的后续销量。整个过程是循序渐进，不是一蹴而就的。

如果销售的是日常生活的快速消费品，则要根据企业的战略来设定社群营销目标。产品的知名度很低的情况下，就不能只考虑眼前的销量，而要将目光放长远一些，注重品牌的建立。在产品已经具备一定市场和知名度的情况下，就可以以销售为重，为企业带来切切实实的利润。

明确目的后，企业就可以集中资源进行相应的活动，避免无谓的时间和资源上的浪费。如果主要目的是销售，就大力开展现场促销活动，通过现场气氛激发消费者的购物欲。如果主要目的是树立品牌，就以宣传推广为主，多与社区居民沟通交流。

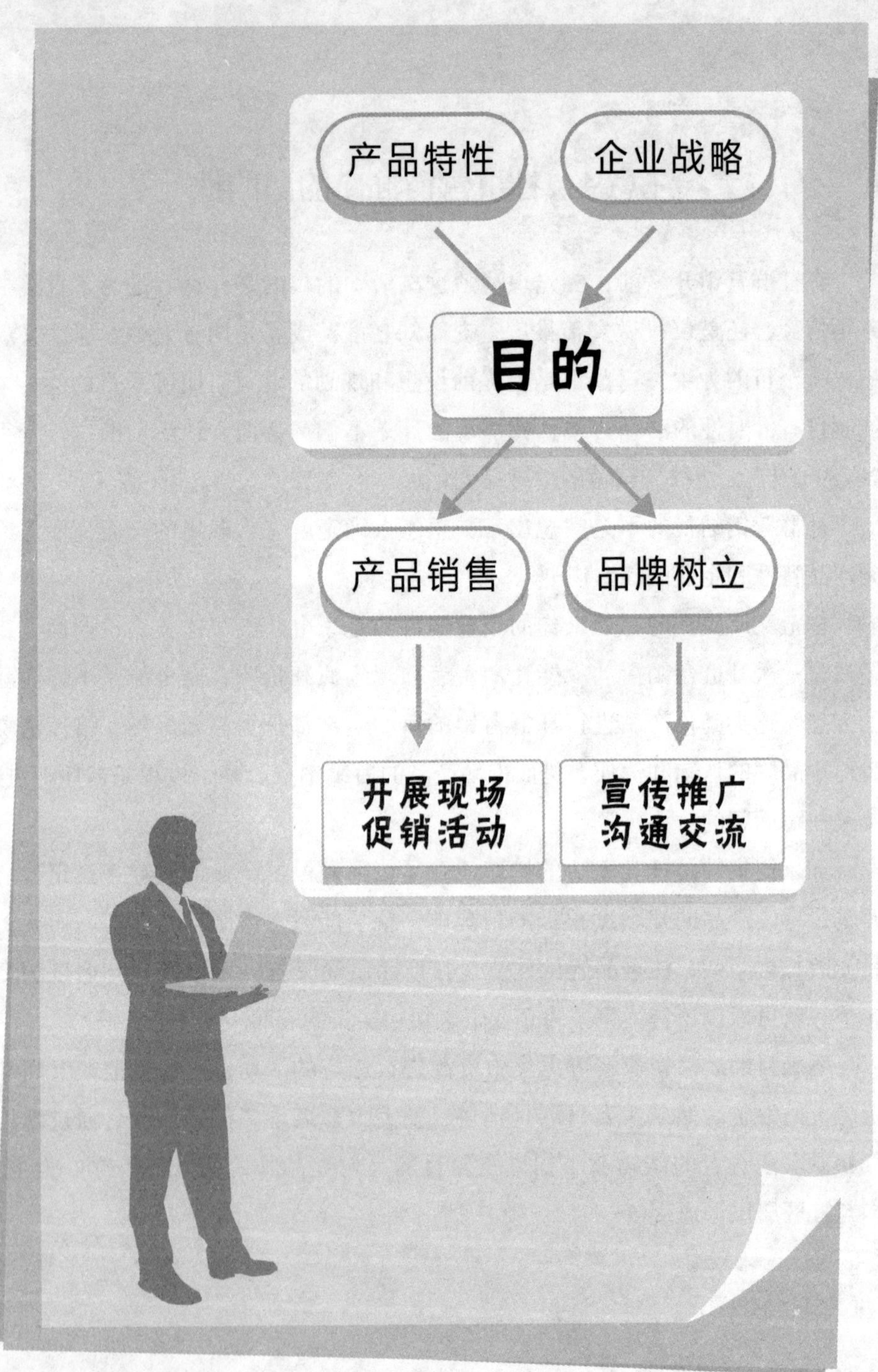
产品特性
企业战略
目的
产品销售
品牌树立
开展现场
促销活动
宣传推广
沟通交流

注意5：与社区便利店和零售店的合作性

有些经营者或营销人员可能存有这样的疑问："做社群营销，是我们企业自己的事，干吗还要考虑社区便利店和零售店？"这样的想法完全是错误的。社群营销，终归只是一种营销方式，企业不可能每天都搞活动，不可能始终靠这种方式来销售。想要在社区内长期稳定地站稳脚跟，就必须与社区便利店和零售店开展合作。

对于一些已经进驻社区便利店和零售店的产品，在做社群营销时更要注意相互配合。如果为了进一步扩大产品影响力就大搞特价促销，势必会影响便利店和零售店的相关产品销量，直接损害了他们的利益，他们还会愿意同你的企业合作、销售相关的产品吗？

伊利牛奶在做社群营销时就很注重同便利店和零售店的配合，保障他们的利益不受损害。

伊利牛奶在开展活动时，并不会直接打折促销，销售价格始终与便利店和零售店保持一致，只是在活动内容上动了一些脑筋。通过现场举办的小游戏和抽奖活动吸引消费者的注意，结果不但活动现场售卖取得了一定的效果，也扩大了产品在社区内的影响力，带动了便利店和零售店的销售，深得这些合作伙伴的欢迎。

注重与社区便利店和零售店的合作，不仅为企业创造了长期稳定的销售网点，而且对于企业的后续营销也有很多好处。社区便利店和零售店同社区居民接触时间更长，他们对于社区内的消费者们的购物习惯、倾向、喜好有着更为清晰的了解，该社区内最近流行哪一类商品，他们也能够获取第一手的情报。这些信息为选择针对性的产品，开展针对性的活动提供了重要依据，对企业来说是无价之宝。

便利店
企业
商家
作为销售网点
促进后续销售
获取居民信息

注意6：社群营销推广活动的时间和地点

任何营销模式，都要注意时间和地点的选择。社群营销更是要充分考虑居民的作息时间和生活习惯，选择最恰当的时间和地点开展活动。

早晨是社区居民比较忙碌的时段，这时候做营销，居民们根本没有心思去看。中午有许多居民需要午休，这时做营销，不仅没人看还会影响居民们休息，绝对是砸自己牌子的愚蠢选择。一般来说，周末、节假日以及晚上是社群营销最常选用的时间段。具体的时间上，太早或太晚都不是好的选择，也要注意避开社区居民的休息时段。上午9：00～11：00，下午4：00～5：00，晚上7：00～9：00，通常是比较好的营销时间。

地点的选择自然是人流量越大越好，居民越集中越好，位置要显眼，最好处在社区居民的必经之路旁边，但必须注意不影响居民的正常通行。活动地点也不必完全拘泥于社区内部，社区附近的广场、公园等，只要是社区居民经常会去的地方，都是不错的选择。

时间和地点的选择都不是绝对的，还要考虑到产品的目标消费群体，选择该群体在特定时间段内经常去的地点开展营销活动。

某品牌保健酒主要面向中、老年人，刚开始做社群营销时，选择了下午4：00～5：00在社区入口处的广场上开展活动。然而他们很快发现，虽然来来往往的人不少，但是中、老年人的比例并不高，现场气氛始终不够热烈。

后来，他们发现该社区的中、老年人都有结伴在附近公园晨练的习惯。于是，他们选择了公园作为活动地点，在早晨的6：00～9：00开展营销，持续了半个月时间，果然取得了不错的效果。

社群营销推广活动的时间和地点，在选择上不必一根筋地瞄准黄金时段和地段，根据不同产品做出不同的选择往往能取得更佳的效果。但无论作何选择，都要严格遵守不打扰社区居民日常生活的原则。

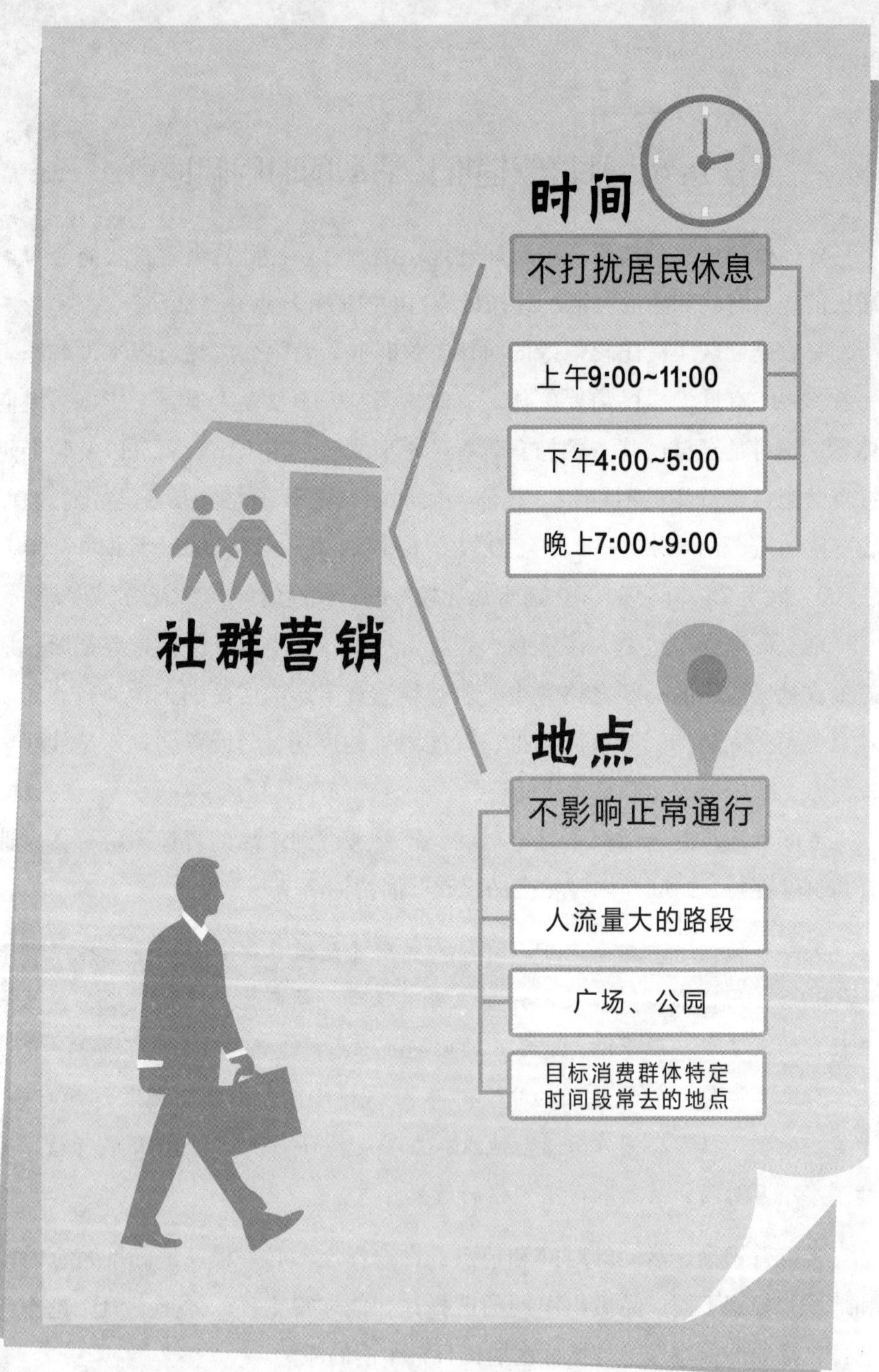
时间
不打扰居民休息
上午9:00~11:00
下午4:00~5:00
晚上7:00~9:00
社群营销
地点
不影响正常通行
人流量大的路段
广场、公园
目标消费群体特定
时间段常去的地点

注意7：现场气氛

在社群营销刚刚开展，没能引起居民们注意时，不要坐在那里干等，可以找一些认识的人或是企业内部的员工假扮成消费者，在现场咨询或购物，从而增加现场人气，俗称为“托儿”。

很多经营者对这种手法没有什么好感，认为这是对消费者的欺骗。其实，这只是一种营造气氛，吸引消费者注意的小方法，在销售中的应用由来已久。只不过，有一些不法分子将之用在了诈骗的勾当上，才让人们产生了偏颇的认识。

方法本身并没有错，关键是看使用的人是用在正途还是歪处。只要你的产品品质有保证，让消费者用着舒心，消费者还会在意当初为什么会去买这件商品吗？还会大呼“上当受骗”吗？如果产品质量不合格，那才是对消费者真正的欺骗，即便是没有请“托儿”。

许多店铺刚开张时，活动刚开展时，都会采用这种请人营造现场气氛的方法。消费者的心态大多都是一样的，哪儿人多，就往哪儿去。人多的地点，先不说产品是不是最好，自己需不需要，好歹不会是假货。人少的地点，产品肯定有问题。

所以，通过制造现场气氛，对消费者适当地引导是很有必要的。气氛是会传染和持续的，因此很少会出现忽冷忽热的情况。冷场时只会越来越冷，火热时就会越来越火。

现场冷清 —— 守株待兔 —— 更加冷清

现场冷清 —— 制造现场气氛 —— 逐渐火爆

注意 8：不要自掉身价，自乱阵脚

一些企业和商家在做社群营销时，为了快速提升销售额，不惜一切代价，大打价格战、赠品战，一个好端端的产品，搞得跟卖不掉要白送似的。这样做，完全是自己贬低产品档次，贬低品牌形象，让消费者感觉这就是地摊货。

降价促销是所有营销手段中，最坏的一种选择，尤其是毫无目的地盲目降价。降价促销也许能在一段时间内提高销量，但是企业必须卖出比之前更多的产品才能达到盈亏平衡点，如果想获取足够的利润，就要付出更多的销售力量。降价容易提价难，一旦消费者习惯了降价后的价格，就很难再认可产品原本的售价了。

一些企业可能是想通过扩大销售来增加产品在消费者心中的影响力，但是毫无理由的大幅降价只会让消费者产生不信任感，他们总会感觉，你的产品价值是不及售价的。

有一家不太知名的矿泉水企业，为了增加企业产品在当地的市场占有率，瞄准了当地几个比较大的社区开展了营销活动，开展得还算顺利。可是，很快的，另一家矿泉水企业也开始进驻了这几个社区，同他们展开了竞争。

面对这种情况，这家企业的管理层陷入了恐慌，为了确实地占领市场，他们草率地选择了降价，让每瓶水的价格比竞争对手的低了一元钱。但是此举非但没能提升销量，反而让社区居民认为他们的矿泉水质量不高，比不上另一家企业的，结果一败涂地。

这家矿泉水企业失败的直接原因就是在面对竞争时没能冷静地分析状况，盲目地降价，结果损害了产品在消费者心中的地位。如果企业先调查消费者对于产品、价格方面的观点，再根据消费者的意见采取相应的策略，也许会有一个完全不同的结局。

盲目降价
服务营销
我们做社群营销，
是为消费者提供便利的，
而不是去兜售劣质低端的
处理货！
自掉身价
损害品牌形象
提高身价
树立品牌形象

进行社群营销一定要有正确的心态和观念：我们做社群营销，是为消费者提供便利的，而不是去兜售劣质低端的处理货！只有这样，社群营销才是积极的，有意义的。

第一章

进入社区：攻克社群营销的障碍

第一节 物业公关，冲破社群营销的第一道屏障

谈及社群营销，总有许多营销人员愤愤不平地表示："想做，但是物业百般阻挠，根本不让进！"营销人员进不了社区，就像球员进不了球场，量你技术多么高超，也无处发挥，只能瞪眼看着干着急。通过公关，打败物业这头"拦路虎"，昂首阔步地进入社区，是营销人员的首要任务。

“物业公关”的对象是谁

进行“物业公关”之前，要先找到门路，弄清楚需要沟通的人是谁。如果连公关对象都没有找到，那么做再多工作也是白费力气。

一般，根据社区类型的不同，管理机构有以下三种。

1. 物业管理公司

委托物业公司进行相关的管理工作，是目前各类商品房小区普遍采用的方式。物业公司“拿钱办事”，负责小区安全、卫生、秩序等各项事务，保障社区居民的生活质量。

一个成熟的物业公司，有着明确的组织架构，其中会设有市场部或运营中心，主要负责社区内的广告经营，商业活动管理等，他们就是进行“物业公关”的主要对象。

2. 居民委员会

居民委员会俗称居委会，是社区居民自发组织起来，进行自我管理、自我教育、自我服务的群众性自治组织。

居委会多存在于一些传统社区，成员们既是管理者，同时也是社区居民。他们既是公关对象，也是潜在消费者。

3. 单位集资房的责任部门

单位集资房是政府、单位、个人共同承担，通过筹集资金进行建设的一类住房。由于住户隶属于同一单位，入住的时间也比较集中，是社群营销的重点区域。

单位集资房的管理部门，一般是该单位的行政部、基建处等部门，要去征得这些部门的同意和批准。

做好“物业公关”，能帮助营销人员顺利地走进社区，避免活动开展时社区物业会出面阻挠。而且通过建立良好的合作关系，甚至能获得在社区开展宣传推广的费用减免，节约营销成本。

物业管理公司

居民委员会

单位集资房的责任部门

营销活动顺利开展

物业为什么干涉社群营销

对于一些老旧的小型社区，管理一般不会太过严格，营销介入相对会比较容易。而一些大型社区、高档楼盘、别墅区等，物业管理极其严格，像城墙一样密不透风，外人想进都进不去，更别说在里面“摆摊设点”了。而这类社区却有着庞大的人流量，巨大的消费潜力，看着近在眼前的“肥肉”吃不到嘴，确实让人颇感无奈。

一些营销人员被物业拒之门外后，便失去了冷静，总认为物业是故意使坏，跟自己过不去，心中大骂物业“愚蠢，目光短浅”。但这些抱怨并不能使你同物业之间达成共识，只会加深双方的隔阂。其实物业也不是“吃饱了撑的”，故意和你对着干，他们横加干涉自然有自身的理由。

物业作为一个社区管理机构，主要就是为业主服务，对业主负责，同时也要保障自身的利益和发展，所以物业干涉社群营销的原因不外乎以下几点：

（1）担心企业和商家进驻社区后，扰乱社区原有的秩序，造成管理上的混乱；

（2）担心企业和商家会打扰业主生活，引起业主不满，进而投诉物业；

（3）担心企业和商家在社区内摆摊设点做广告，会影响美观，带来卫生问题；

（4）担心企业的实力和信誉，如果产品质量有问题，售后服务差，业主会找物业的麻烦；

（5）觉得对于物业自身没什么好处和利益；

（6）出于对营销人员本能的拒绝。

明确了物业的干涉原因后，在谈判之前就要对上述问题进行模拟应对，准备充分的谈判材料，消除物业的“异议”。

企业和产品的介绍手册，这些是必备的资料。报纸或电视上对企业及产品

造成管理上的混乱
引起业主不满，进而投诉物业
影响美观，带来卫生问题
产品出现质量问题，自找麻烦
对自身没有好处和利益
对营销人员本能的拒绝
物业
企业和产品的介绍手册，增加信任感
展示其他社区活动照片、视频
与物业约法三章
进行协商，方便物业进行管理
营销人员

的相关报道，也可以作为重要的谈判材料，增加物业对企业和产品的信任感。如果之前有在其他社区进行营销则更好，可以展示活动照片、视频，让对方询问相关的物业公司，表明活动不会给他们带来麻烦，事实胜于雄辩。与物业约法三章，签订协议明确双方的权利义务，协商好活动举行的时间、地点、内容等，方便物业进行管理，打消他们的顾虑。

一把手策略：找到权力者

对于营销人员来说，进入社区之前，最先接触到的肯定是社区保安。对于保安来说，他们的职责就是把好社区大门，能够进入的人，只有业主，业主的客人，或者是为业主办事的人。他们工作的标准就是不能有一个“漏网之鱼”，将陌生的来访者统统拒之门外。

如果营销人员妄想说服社区保安，让他们为自己的通行“亮绿灯”，那绝对是自讨苦吃。任你口若悬河，说得天花乱坠，他们始终回你一句话——“没卡不准进”！颇有“秀才遇到兵，有理说不清”的感觉。

保安毕竟只是物业的基层员工，他们没有同意营销人员进入的权力。同他们沟通完全是白费唇舌，他们根本做不了主，所以去找物业的权力者或负责人沟通，才是直接有效的策略。

营销人员可以先查询物业公司的电话，和负责人在电话里简单地说明来意，争取当面沟通的机会。一般，物业负责人都不会直接拒绝你，花些时间和你谈一下对他们并无坏处。

在同负责人当面谈判中，营销人员要围绕对方的顾虑和担忧，一一作出解答，表明自己进行的社群营销不会带来负面影响。同时，找出社区中还缺少哪些小设施，如休息处的座椅、帐篷等，还有指示牌、公告牌等，企业可以出资赞助，购买这些物品。既能给物业公司带来好处，也能增加管理人员的“政绩”，自然能赢得对方的好感，使合作顺利展开。

营销人员不要把谈判看作负担，而是要当成机会，谈判越是艰苦，成功之后所获得的地位就越是稳固。有许多管理严格的社区，在一家企业或产品进入后，同类型的企业或产品基本就很难再介入了。在同物业“一把手”谈判时可能会耗费大量时间和精力，但是一旦达成合作，不仅为企业带来好处，也能够将竞争对手排除在外。

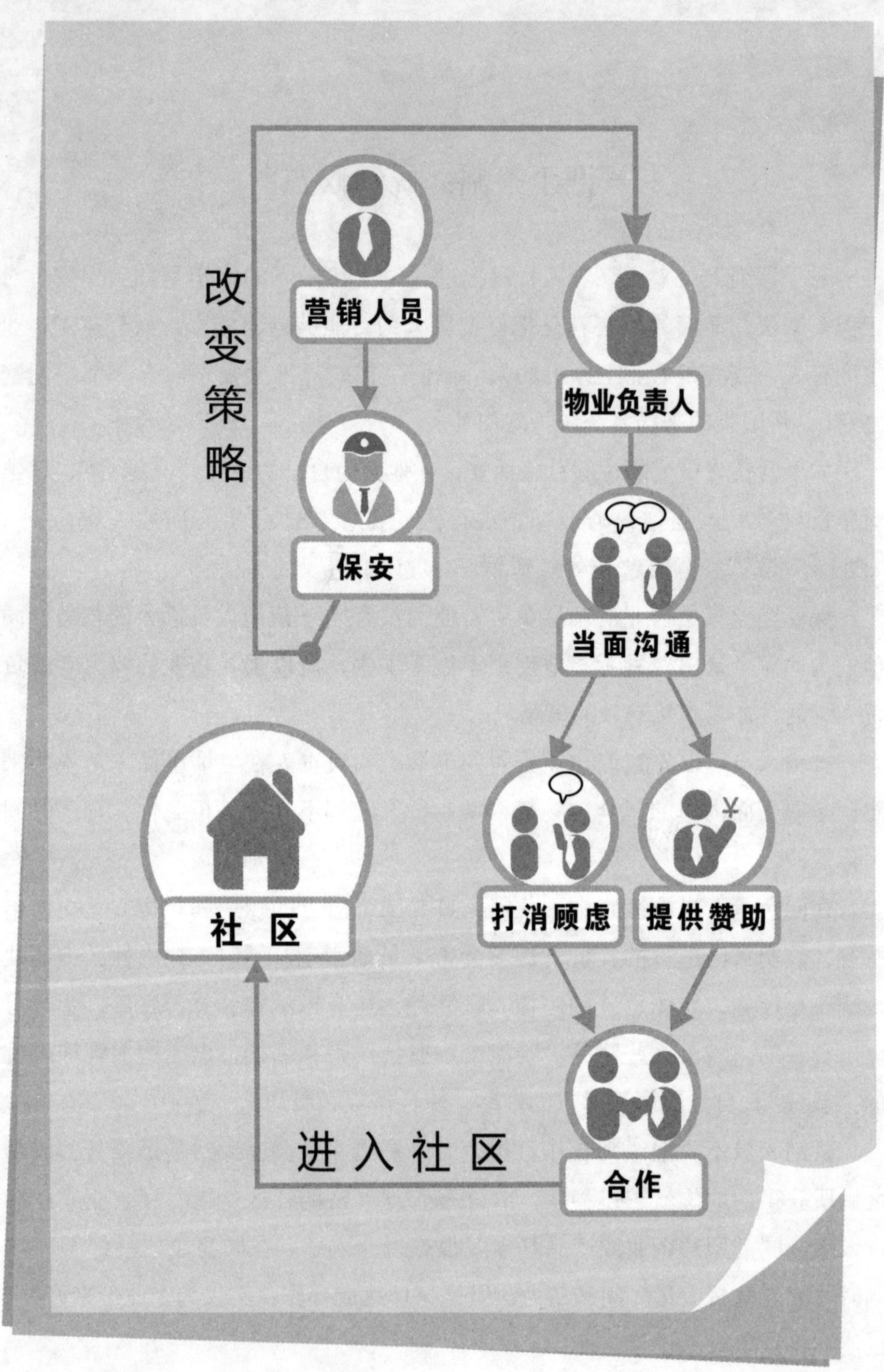

营销人员
保安
改变策略
物业负责人
当面沟通
打消顾虑
提供赞助
合作
社　区
进入社区

让保安感到被尊重和重视

我有一位认识的销售部经理，每去一家公司拜访，从公司大门一直到经理办公室，遇到谁都会主动递上名片，不管他是保安还是保洁，如果时间允许的话，还会同对方攀谈几句。有些人觉着他做得太过了，但他自己却不这么认为。这是他多年来的工作习惯，他觉得，这些都是顺手之举，也用不了多少时间，为何要白白放弃一次机会呢，即使是十分渺小的机会。

专业、优秀的营销人员，不会忽视与目标公司的任何一个人建立良好的关系，“物业公关”也是一样。确实，“物业公关”的主要对象是物业的权力者，营销人员进入社区需要他们点头同意，但这并不代表就可以忽视保安。

有些营销人员觉得自己已经获得物业负责人的许可，便肆无忌惮，对社区保安摆出一副颐指气使的态度，仿佛要把之前被他们阻拦的怨气全部发泄出来，这种小孩子脾气是十分不理智的。多一个朋友，总比多一个敌人好，这是大家都懂得的道理。

社群营销是一个漫长的过程，营销人员实际上接触最多的还是社区保安。如果在营销活动开展中事无巨细统统要向物业负责人申请，无疑给活动的开展带去许多不必要的麻烦。如果能同保安处好关系，获取他们的信任，以后再到社区拜访和宣传时就可以少费许多口舌，省去许多功夫。

来到社区，给保安递上一根烟，送些营销活动中的小礼品，在他们工作空闲时唠唠家常，等等。不需要刻意地去讨好他们，只要像对待朋友一样真心、平等，让他们感到自己是被尊重和重视的，良好的关系自然而然便建立起来了。

保安虽然职位低，但是他们毕竟长期驻守在社区，长期同居民接触，他们对社区居民的基本信息、生活习惯、思维方式都有一定程度的了解。营销人员往往能够从他们那里获得宝贵的信息或建议，这些都能使社群营销少犯一些错误，少走一些弯路。

不需要刻意地去讨好他们，只要像对待朋友一样真心、平等，让他们感到自己是被尊重和重视的，良好的关系自然而然便建立起来了。

从社区业主入手，绕过物业公司

营销人员在被物业公司“层层围堵”时，不要硬着头皮上，可以从社区业主那里寻求机会。营销人员可以先通过业主论坛、QQ 群等方式认识某一位社区业主，同他建立朋友关系，如果能得到电话号码便更好。这样，再被保安拦住时，就说自己是来找朋友的，说出他的姓名、房间号、电话号码，保证能畅通无阻，就如同有了门卡一样。

如果你的产品是家电、通信设备等，需要专业人员维护修理，且社区内有业主已经拥有了该产品，那么就可以打出老客户的旗号。面对保安时，就说要对产品进行维护，报出业主的姓名、房间号，保安也会在登记后放行。

当然，上述的方法只是小打小闹，不可能在社区里大张旗鼓地开展活动。想要在社区内开展正式的大规模的营销，必须要有正规的“通行证”，既然不能从物业那里得到，那么就从业主那里获取。

社区的业主，对于企业和物业公司双方来说，都是至关重要的人物。他们是企业的潜在客户，同时也是物业公司的客户。

如果物业公司负责人确实“冥顽不灵”，怎么样也说不通，营销人员则可以考虑“另辟蹊径”，给业主委员会做思想工作，先得到业主代表们的认可，再通过业主代表去和物业公司负责人谈判交涉。有了业主们的要求，物业公司自然不能再随便拒绝了。而且，物业公司同业主委员会之间在许多方面都会有对立，如果物业一味地拒绝，反而会激起业主们的不满情绪，惹怒了业主，物业公司的日子也不会好过。

通过这种方式，不仅顺利地走入了社区大门，也提前与业主们建立了一定的情感联系，获得了他们对于产品和活动的认可，为社群营销更快更好的开展奠定了坚实的基础。

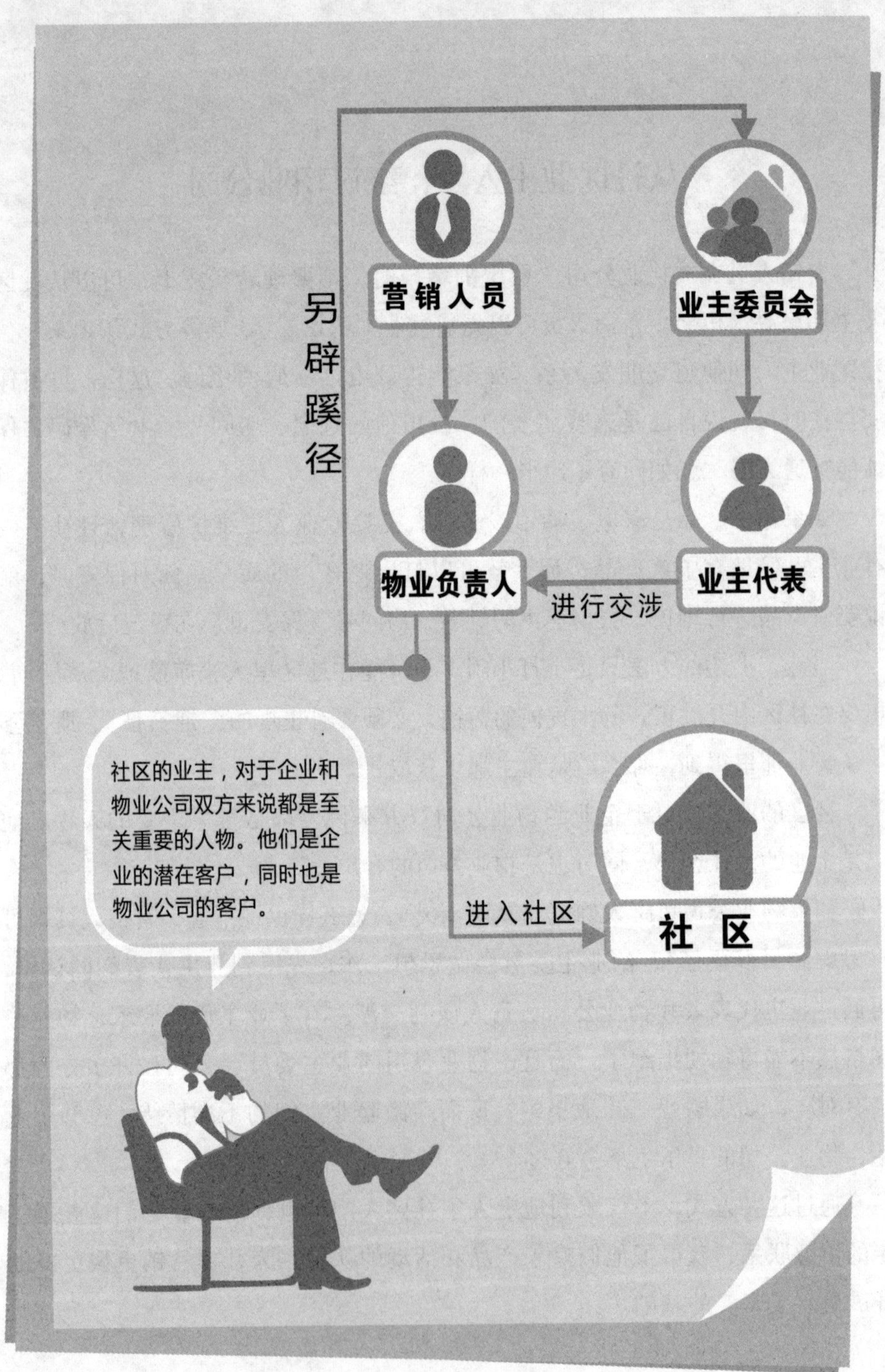
营销人员
业主委员会
另辟蹊径
物业负责人
业主代表
进行交涉
社区的业主，对于企业和物业公司双方来说都是至关重要的人物。他们是企业的潜在客户，同时也是物业公司的客户。
进入社区
社 区

社区临时店：从“推销者”变成了“客户”

利用社区临时店作为进入社区的突破口，则必须选择大型社区，社区本身确实有临时店进驻的需要。

企业和商家可以直接找到开发商或物业公司，商谈租赁临时店的事情。这样，在开发商和物业看来，你就不再是“推销者”，而是变成了他们的“客户”，自然不会再拒绝你，而是会笑脸相迎。

通过谈判，可以了解社区的住户数量、消费能力等十分有价值的信息，这些信息能够帮助企业评估这个社区的消费潜力，并将之作为决策的依据、谈判的武器。

如果潜力巨大，符合企业的预期，就可以定下临时店，先给开发商和物业带去好处，再进行一些附加条件的谈判。有了资本，谈判就会顺畅许多，对方也会对营销活动方案给予更多的包容，不会再提出诸多苛刻的限制。

如果潜力一般，只是勉强符合要求，则可以采取“两步走”的方案，同开发商和物业公司谈判，表示希望先做社群营销，如果销售情况可以，再设立临时店。这种方案可能需要同对方进行更多的交流，反复地“讨价还价”。

开设社区临时店这种策略，一定要建立在有开店可能性的基础之上。如果企业本身完全没有开设临时店的想法，营销人员只是把这作为借口，作为进入社区的欺骗性手段，一旦被开发商或物业公司察觉，就会直接导致双方关系破裂，彻底断了自己后路，以后再想入驻该社区就难如登天了。

我们公司有意向在
小区开设营销活动……
推销者
我们公司有意向在
小区开设临时店……
客户

和物业利润共享

让谈判成功的关键就在于使双方“共赢”，如果仅有一方获利，另一方自然不会乐意。进行社群营销，多多少少会分散物业的管理精力，增加物业的工作量。如果没有直接的利益，物业自然不愿意让企业和商家进入。多一事不如少一事，干吗去做一些吃力不讨好的事呢？

想让物业真心实意地赞同社群营销，就要和物业利润共享，让物业直接看到产品销售带来的好处。通常是企业和商家给物业提取一定比例或数量的销售提成，通过这种方式来实现利润共享。

在同物业谈判之前，企业和商家要先对社区进行详细的调查与评估。社区的居民数量、年龄构成、大致的经济状况等，这些都是直接影响社群营销最终业绩的关键因素。只有掌握了这些信息，估算出营销活动所能获取的利润，才能给物业提供恰当的提成比例。如果给物业的提成过多而蚕食了企业利润，就得不偿失了。

在谈判中，可以提议让物业以场地租赁费用、管理费用等作为入股的资本，企业和商家为物业提供更高的利润分配比例，这可以削减企业和商家入驻社区的成本，降低社群营销承担的风险。当然，两种方案孰优孰劣，需要企业、商家根据自身的财务计划提前做好计算评估。

如此达成共识与合作后，企业、商家和物业就成为了利益的共同体。产品卖得越多，物业获取的利润就越高，这样，他们不光不会对社群营销冷眼相待，对活动开展处处阻挠，反而会积极地提供信息和帮助，出谋划策，为社群营销自愿贡献力量。

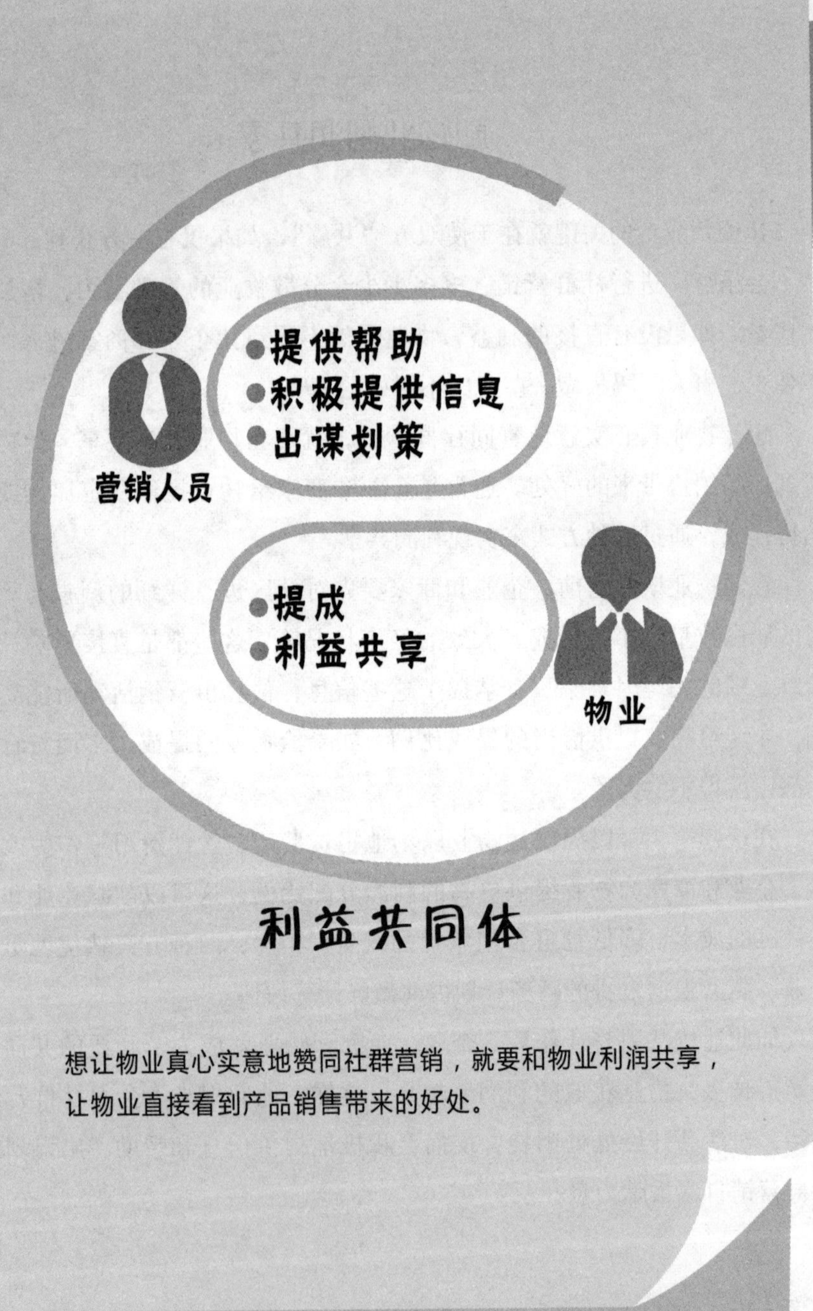
提供帮助
积极提供信息
出谋划策
营销人员
提成
利益共享
物业
利益共同体
想让物业真心实意地赞同社群营销，就要和物业利润共享，
让物业直接看到产品销售带来的好处。

第二节 建立一个可以信赖的关系网

冲破了物业这道物理屏障，走入社区，不代表真正“进入”了社区。这样只是走进了“赛场”，但还没有走进“观众”的心中。社群营销，终归要与消费者交流，让消费者购买产品才有意义。因此要与社区居民构建起相互信赖的关系网，打破心理屏障，才能彻底扫清社群营销的障碍。

深入了解小区的基本情况

在同社区居民开始接触之前，要先对小区的基本情况进行深入的了解，这样才能拟订营销策略，拟订同社区居民接触时的沟通策略。

小区的基本情况包含许多内容，许多细枝末节的信息都能给营销人员提供重要的参考。

1. 楼盘情况

小区楼盘的价格水平，可以在一定程度上反映小区住户们的经济实力和消费能力。楼盘的销售状况和入住率，是该社区现阶段市场规模的体现。楼盘的相关配套设施，如水、电、天然气、网络、雨水及污水处理等是否齐备，如果企业能提供相应的产品或服务便可以“见缝插针”。

2. 住户情况

小区住户的年龄构成状况，是老年人居多还是年轻人居多，这是企业和商家研究社区和产品市场契合度的重要信息之一。小区住户的日常作息习惯，是否有清晨锻炼或是晚上散步的习惯，哪个时间段内小区人数最为集中，这些信息能够帮助营销人员制订营销活动或是上门拜访的计划。一些非消耗品要考虑到小区内的市场饱和程度，如卫浴、家电等，具体的产品在小区内有多大的市场，居民近期有无采购或更换的计划，也要事先进行一个初步的了解。

3. 活动情况

小区内有没有定期组织集体活动的计划，如社区运动会、文化知识大赛、便民服务日等，这些活动的举办日势必会聚集形形色色的小区住户，营销人员可以将之作为介入点拉近同小区住户们的距离。

以上这些基本情况，营销人员都可以找物业进行咨询了解，可以快速系统地获取信息。当然，也可以通过业主委员会，联系业主代表，或者是通过和小区住户的交流，从不同角度获取更全面的信息和观点。

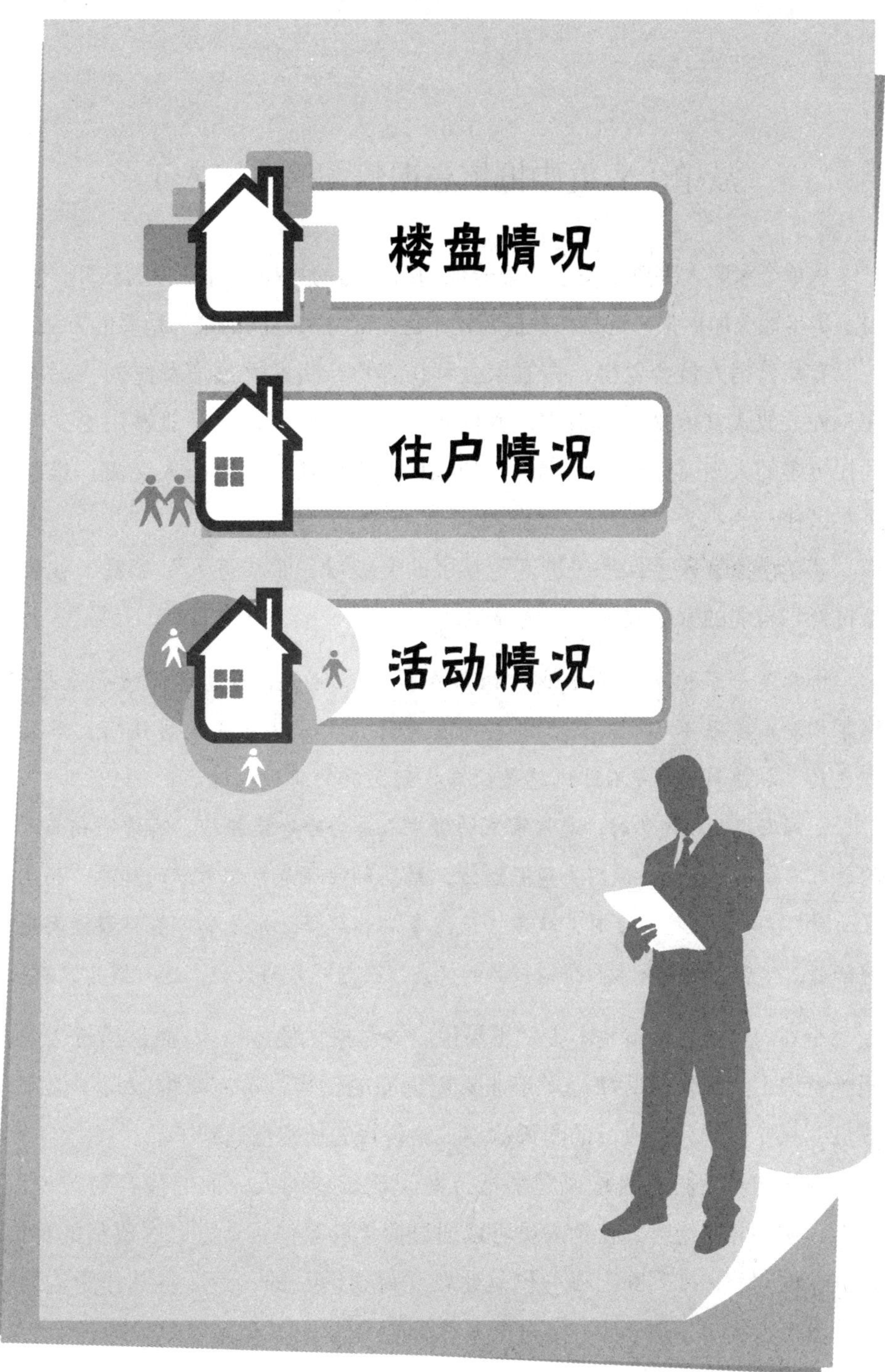
楼盘情况
住户情况
活动情况

从单个家庭中抵抗意识较弱的人员入手

从单个家庭入手建立关系，培养他们对产品的兴趣，对品牌的认知，然后再一步步地叠加扩张，这是在社群营销中逐步建立关系网的最为稳妥的方法。

有些营销人员会觉得，一家家去拜访客户，实在太过浪费时间，远不如在户外开放式宣传来得有效率。其实不然，户外宣传，只是能够用更少的时间让更多的人知道你的产品，但是却难以跟小区住户进行深入交流，难以走进小区住户的心。

从单个家庭入手，是“进入”社区的突破口，而“进入”家庭，就要以抵抗意识较弱的家庭成员作为突破口。

小刘是一家护发产品企业的销售人员，长期以来的销售业绩一直很好，同事们纷纷羡慕不已。其实，小刘并没有什么十分特别的销售技巧，多数时候也是“软磨硬泡”，不过他总是能够找到交流的正确人选。

小刘发现，在销售时，通常家里的男主人都会冷冷地拒绝，有许多销售人员抱着永不放弃的想法，试图去说服对方，结果却往往是引起对方的反感。而小刘在面对男主人的拒绝态度时，从不去试图争辩和解释，先是尽可能轻描淡写地回避话题，然后主要向女主人介绍产品的优点，引起对方的兴趣，这一招屡试不爽。

小刘的营销思路就是不去和不易说服的对象“硬碰硬”，而是尽量去说服拒绝意识不是很强的对象。对于非贵重物品的销售，不需要说服每一位家庭成员，只要引起一位成员的购买欲望，销售目的通常就达到了。

主妇和老人们一般是家庭中抵抗意识比较弱的人，他们最容易被说服。当然，这些并非绝对，营销人员可以通过简单的攀谈，观察家庭成员的神情、口气、语句等，来判断出哪一位是比较“好说话”的，然后将其作为沟通交流的重点人物。

营销人员可以通过简单的攀谈，观察家庭成员的神情、口气、语句等，来判断出哪一位是比较“好说话”的，然后将其作为沟通交流的重点人物。

什么样的产品做什么样的机会铺垫

与小区住户间进行有效沟通的前提是他对于产品有兴趣、有需求，不然的话，营销人员说得热火朝天，慷慨激昂，而客户却听得云里雾里，满脸茫然。

在营销活动开展前，要先明确产品的特性，以及产品的目标客户群体，寻找最容易对该产品产生兴趣或需求的人群，首先获取这类人群的好感和注意，事先做好相关的机会铺垫，然后静待时机的到来。

某食品企业近期研制生产了一种新零食，计划趁着暑假在社区内开展营销活动。为了确保活动当天能够吸引足够的消费者，该企业提前进入社区进行机会铺垫。

在活动举办的三天前，该企业安排大量营销人员在社区儿童经常玩耍的地点集中进行产品宣传，并派发一些随零食附赠的小礼品，小玩具。接着，又询问小朋友平时最喜欢做什么游戏，根据收集来的信息确定活动当天举行的游戏内容，并进行宣传，成功赢得了儿童的好感和注意。

在活动当天，营销人员经过了简单的宣传，立刻有许多儿童在父母的陪同下来到活动现场，现场的气氛迅速升温，活动效果令人满意。

该食品企业的策略就是首先瞄准最容易吸引的人群，虽然新品零食并非是只针对儿童的产品，但是儿童却是最容易对新零食感兴趣的，抓住了儿童的心，自然就抓住了真正付钱的客户——儿童父母们的心。

社群营销的现场活动，每一分每一秒都是极其珍贵的，如果不能第一时间吸引足够多的人群参与活动，营销就难以完全铺开。等到活动当天才去急急忙忙地进行宣传，常常会为时已晚。如果提前几天在社区内对产品的目标客户群进行介绍，引起他们的兴趣，那么在活动当天，只需要简单的宣传提醒，便能吸引消费者前来参与活动，节约了宝贵的营销时间。

明确产品的特性

明确产品目标客户群

寻找有需求的人群

获取需求人群的注意

做好机会铺垫

开展营销活动

迅速联系 + 经常联系 = 信任关系

营销是一个“交心”的过程，只要获取了客户的信任，销售便水到渠成了，社群营销更是如此。社群营销不仅仅是一场活动，更是一种渠道，一块市场。企业和商家不可能只进行一次社群营销，每当新品上市，销售不畅，都需要展开新一轮营销。如果能够在最初的一次或数次社群营销中获取社区居民的信任，那么之后再次开展社群营销时，无疑会更快、更有效、成本更低。

获取每一位客户的信任是每一位营销人员都梦寐以求的目标，优秀的营销人员总是能同他们的客户之间培养深厚的情谊。在谈“正事”时，他们是销售人员与客户的关系，但在谈过业务后，他们又是互相聊天，探讨共同兴趣话题的好朋友。

信任关系是建立在迅速联系和经常联系这两个要素之上的。想一想，当你遇到难以解决的棘手问题时，第一时间会联络谁？是父母，还是最亲密的“死党”？无论是谁，那个人一定是你最信任的人。你经常联系的朋友和不常联系的朋友，你对谁更加信任？虽然情谊的深厚程度不能简单地以交往时间的长短做判断，但是很少联系的两人间想要建立起足够坚固的信任关系显然是很困难的。

一次业务的成交并不是销售的终点，一次活动的完成也不是社群营销的终点。在社群营销结束后，我们要定期对客户进行联系回访，询问他们对于产品的感受，处理他们的不满，接纳他们的建议。当有新产品上市时，第一时间联系可能有兴趣、有需求的客户，最好在该产品还未正式进入市场前就对客户进行介绍，这会让他们感觉“有面子”，感到自己是企业或商家的 VIP 客户。同社区居民间的信任关系就是在这些联系中一点一滴建立起来的。

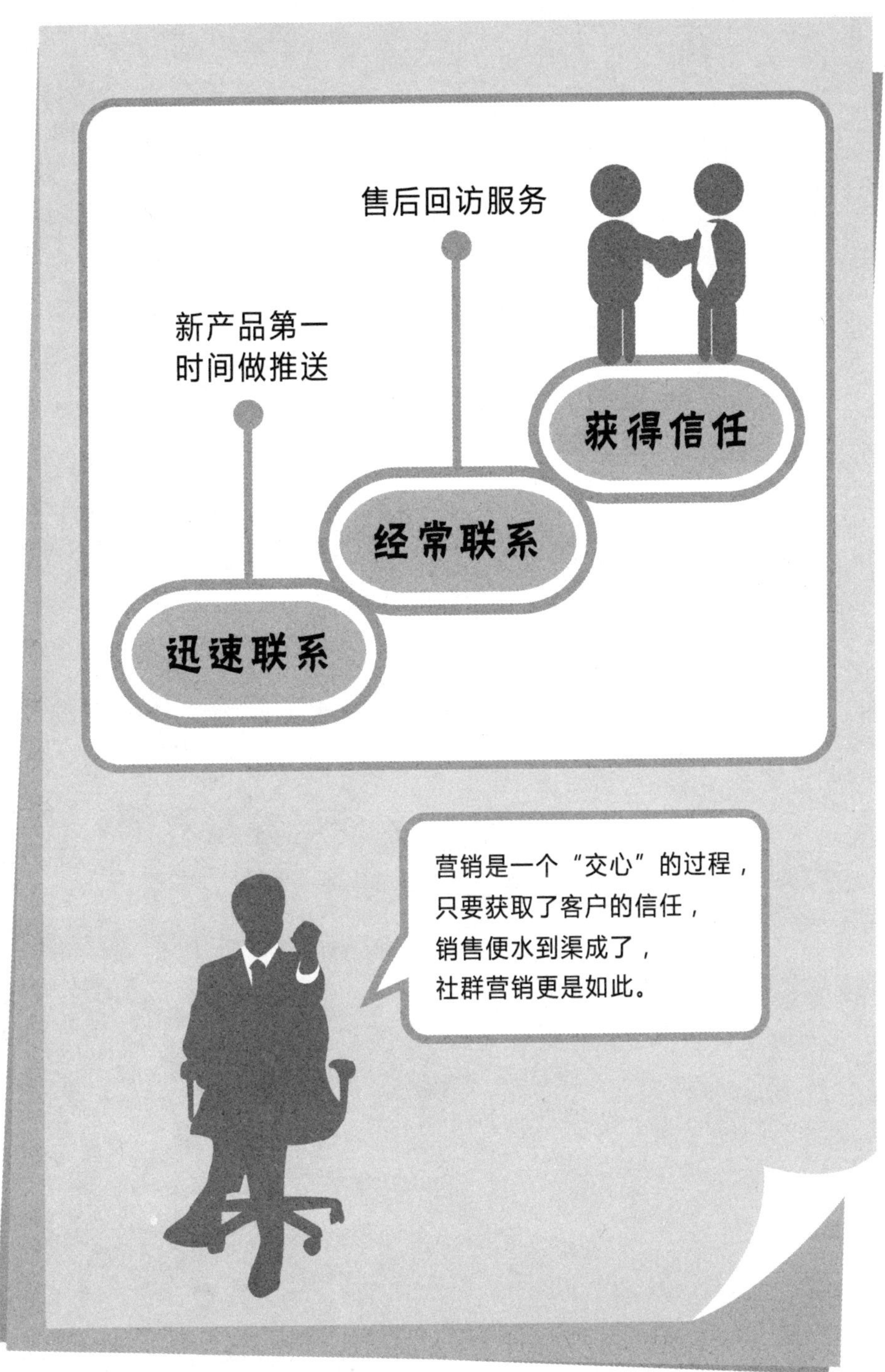
售后回访服务
新产品第一
时间做推送
获得信任
经常联系
迅速联系
营销是一个“交心”的过程，
只要获取了客户的信任，
销售便水到渠成了，
社群营销更是如此。

第二章

整合资源：社群营销胜利的后勤装备

第一节 建立应急社区处理机制

选择正确的时机和方式作为切入点，开展社群营销，可以使企业和商家在社区居民心中留下更深刻的印象，为营销活动的开展奠定坚实的基础。如何发掘出好的时机和方式，就需要营销人员时刻深入社区内部，寻找可以作为切入点的事件，同时，建立应急处理机制，通过解决事件给消费者留下良好的第一印象。

密切关注，寻找恰当时间点

对于刚刚落成的社区，市场刚刚形成，企业和商家可以积极地介入，掘取社区的“第一桶金”。而对于市场已被竞争对手占领的社区，同样也需要密切关注，市场机遇总会在不经意间展露出来。

张先生是一家知名品牌太阳能热水器的地区代理商，鉴于当地市场竞争越来越激烈，仅靠品牌效应，坐等消费者上门的方式，已经无法很好地在市场中立足。于是，张先生决定主动出击，在社区内开展营销。

张先生决定在一个已落成多年的小区内打响营销第一枪，对于他的决定，员工纷纷表示不解。这个小区建成已有四五年时间，家家户户早已装上了太阳能热水器，现在怎么可能卖得动呢?

不过，张先生的决策是有自己的理由和依据的。他发现，这个小区的太阳能热水器是最初开发商联系的供应商统一进行配备的，由于采用的是比较落后的技术，该热水器的使用寿命仅有五年左右，届时，必定会有大量小区住户集中更换新的热水器。

事实上，通过多方关系的调查走访，张先生了解到已经有相当一部分住户的太阳能热水器出现了一些问题，他们都萌生了更换高品质太阳能热水器的想法。张先生认为这是千载难逢的好时机，于是果断决定在该小区开展营销，最终成为了小区居民更换热水器的首选。

面对落成多年，太阳能热水器配备已经十分完善的社区，张先生没有轻易地放弃，而是寻找市场的突破口，最终找到了现有的太阳能热水器无法再满足住户需求的时间点，积极果断地开展社群营销，取得了成功。

社区由于具备一定的封闭性和固定性，住户们的入住时间较为集中，因此房屋装修，各类家居物品和生活消费品的采购或是更新换代，往往具备一定的规模化，这些为社群营销的介入提供了良好的机遇。

社区由于具备一定的封闭性和固定性，住户们的入住时间较为集中，因此房屋装修、各类家居物品和生活消费品的采购或是更新换代，往往具备一定的规模化。

第一时间提出处理意见

尹小姐经营着一家综合性的品牌化妆品专营店，经营了数年，在当地小有名气。夏季临近，各类防晒霜的销售旺季即将到来，厂家也配合时机研制生产了一种新型防晒霜，为尹小姐第一时间提供了一批货，想在当地打开市场。

尹小姐手下的销售人员提议进行社群营销，进行针对性地推广销售。但是尹小姐对社群营销兴致不大，于是一边安排营销人员先在社区内进行市场调查，自己一边筹划开展传统的店面营销活动。

营销人员经过一段时间的走访，发现几个社区内的消费潜力相当大，同时，他还通过朋友的关系得知，当地的另一家化妆品店也要在近期开展社群营销！营销人员联系了尹小姐，提议抓紧时间开展社群营销，先一步抢占市场。但是尹小姐感觉店面营销开展了两天效果挺好，没必要两边投入，便一直敷衍拖延。

店面营销开展了几天之后，热度逐渐下降，这时尹小姐才想起开展社群营销，但是为时已晚，当地几个大型社区的市场早已被竞争对手占领，活动开展了几天，几乎没能取得效果，最终黯淡离场。

社群营销介入门槛低，介入时机转瞬即逝。尹小姐面对绝佳的社群营销时机，不以为然，没有在第一时间做出营销决策，结果给竞争对手让出了康庄大道。

商业中的机会往往就在一瞬间，果断跨出这一步，就是天堂，而晚了一步，就是地狱。尤其在竞争越来越激烈的当今，如果没能抓住机遇，那么不光是自己少了一次发展机会，同时也给了竞争对手一次发展机会。此消彼长，你的企业辛辛苦苦保持的竞争优势可能就会因为一次的决策不及时而被彻底颠覆。

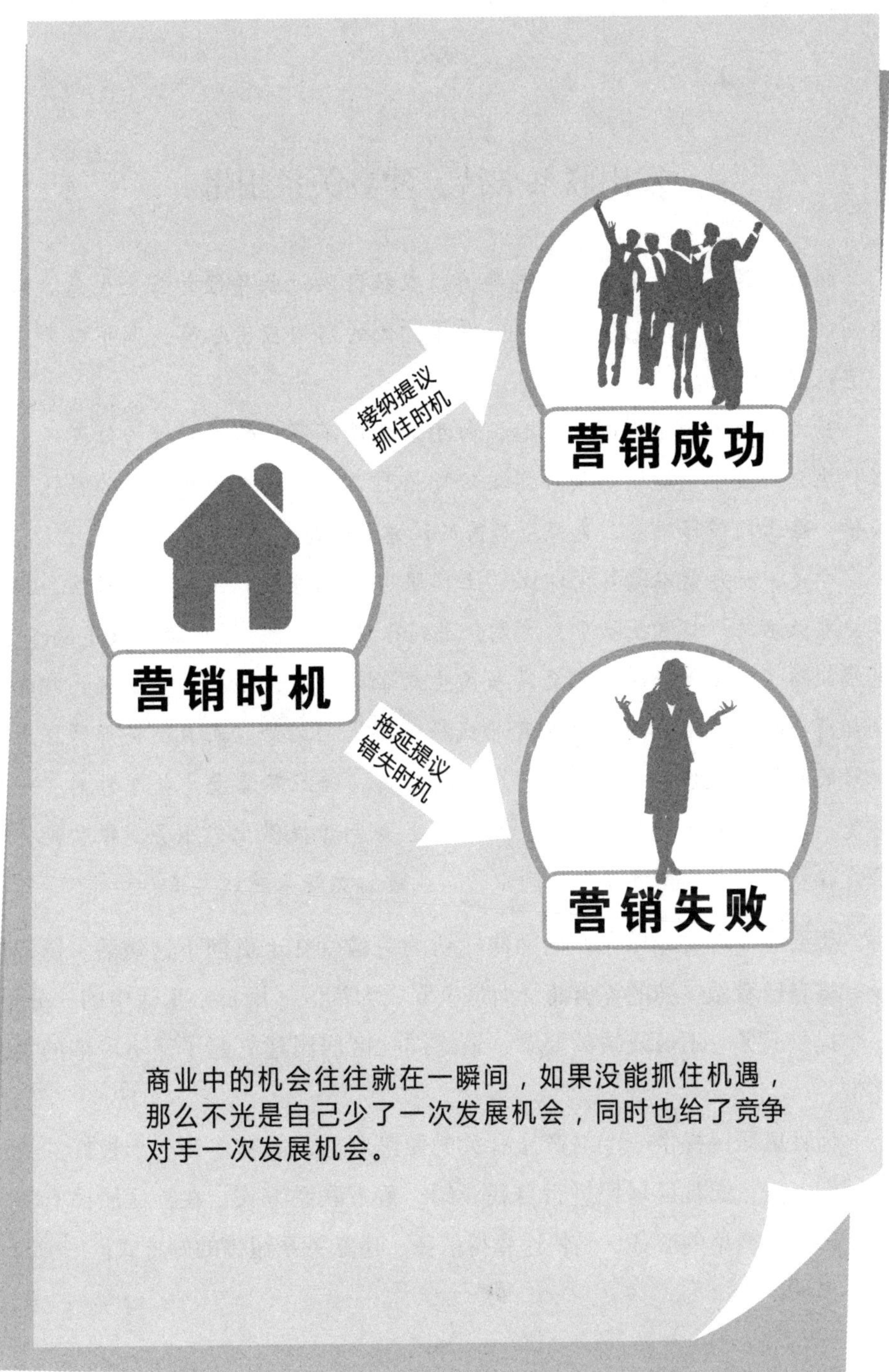
接纳提议
抓住时机
营销成功
营销时机
拖延提议
错失时机
营销失败
商业中的机会往往就在一瞬间，如果没能抓住机遇，那么不光是自己少了一次发展机会，同时也给了竞争对手一次发展机会。

发出联系卡片，建立关系纽带

杨师傅是一位五十多岁的老师傅，在社区附近长年经营五金生意。家庭常用的一些管材、阀门、插座、开关等，他的店内应有尽有，多年以来生意一直很好。

杨师傅的五金店刚刚开业时，由于知名度不高，而且店铺的位置不太显眼，生意一度十分冷清。杨师傅决定凭借自己多年的工作经验，为社区居民提供一些上门维修服务，先赢得居民的注意和好感。

于是，杨师傅在名片上印上“上门服务”的字样，主动走访社区，挨家挨户发放名片。日常生活中，难免会遇到各种小问题，管道堵塞或是漏水了，电线短路了，等等，这些都会给居民生活带来困扰，遇到这些状况，就轮到杨师傅出马了，越来越多的人开始找杨师傅上门维修。而且，杨师傅在上门维修的时候，如果问题不大，可以很快修好，并且不需要更换零件时，一律免费。在店内购买产品的住户，杨师傅也会免费提供上门服务。很快地，杨师傅在社区住户间树立了良好的口碑，生意自然越来越红火了。

想要获取就要先给予，杨师傅成功的关键就在于贯彻了这句话。杨师傅没有将自己看做单纯的零售商，而是争取成为社区居民日常生活中的一分子，一个提供服务、不可或缺的要素，最终同社区居民建立起了坚不可摧的关系纽带。

为社区居民提供一些与产品有关的便民服务，能够作为一个极好的社群营销切入点。向社区居民进行自我介绍，留下联系方式，在社区居民有需求时提供一些简单的服务，是快速赢得信任、建立关系纽带的好方式。

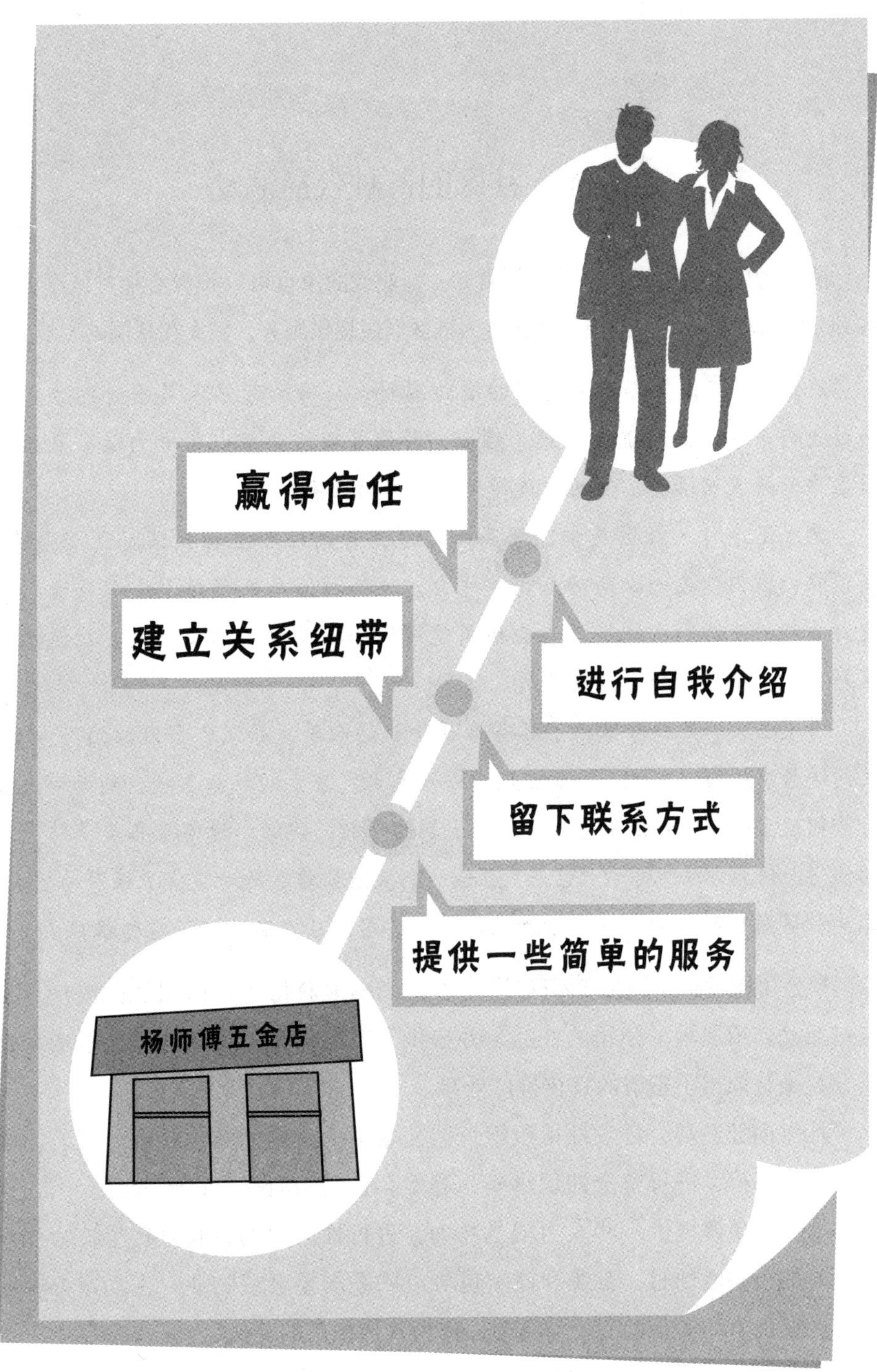
赢得信任
建立关系纽带
进行自我介绍
留下联系方式
提供一些简单的服务
杨师傅五金店

积极加入社区的各种公益活动

除了为单个家庭提供一对一的服务，企业或商家也可以积极参加社区举办的各种公益活动，从更大的层面和角度为社区居民提供服务，扩大在基层的影响力。

F公司专门销售各类家庭用的消防器材，公司的营销人员平时也主要是通过走街串巷，上门进行推销。后来，营销经理认为可以集中力量，直接在社区内开展营销活动，他的方案得到了公司的批准。

为了迅速打入社区内部，提高知名度，营销经理主动找到社区居委会，商谈在社区内开展一次消防知识宣讲会，提高社区居民预防火灾以及面对火灾时自救的能力和意识。居委会成员觉得这个活动很有意义，便答应组织社区居民积极参与，配合活动开展。

活动当天，F公司派出了具备专业知识的人员，并联合当地的消防人员，共同进行消防知识宣讲。从日常生活中避免火灾发生的注意事项，到面对火灾时如何逃生，如何自救，进行了详细生动的介绍。同时，讲解了各类消防器材的使用与保养方法，并请社区居民上台进行实践操作。活动获得了强烈的反响，深受社区居民的欢迎，而且活动同时也为公司以及产品进行了宣传推广。

F公司通过组织消防知识宣讲，不仅成功地获得了社区居民的响应，也通过活动介绍展示了公司的产品，并提供了产品体验，将商业与公益成功地结合起来，取得了不俗的宣传推广效果。

社区内部经常会自发性地组织一些公益活动，例如美化社区环境，为老年人免费体检，进行安全知识讲座，等等。企业和商家可以积极地介入这些公益活动，免费提供一些人力或是物力，进行社区内的自我宣传推广。当没有逢时的公益活动时，企业和商家也可以联系居委会或物业，主动举办一些对社区居民有切实帮助的公益活动，作为宣传推广的契机。

企业和商家可以联系居委会或物业，主动举办一些对社区居民有切实帮助的公益活动，作为宣传推广的契机。

和社区客户建立网络联系

即使是与客户经常联系的营销人员，通常也会隔上几天才会问候一次。如何同社区客户建立更紧密的联系，让营销人员和客户能够时刻进行沟通交流呢？使用电话和短信？显然不可行。营销人员和客户之间最根本的还是卖家与买家的关系，必须要保持一定的距离。如果有一位营销人员每天有事没事都给你发个短信或是打个电话，你有什么感觉？肯定会十分厌烦，甚至觉得这是一种骚扰。

不过，网络的发展，社交平台的普及，为营销人员与客户随时“互联”提供了强有力的工具。当营销人员有想要向社区客户传达的信息时，甚至是生活工作中遇到的一些趣事、糗事，都可以在 QQ 群或是微博上随时发表出来，由于这是开放式的交流，而且不会主动占用客户的时间，所以不会引起客户的反感，而且还能同客户建立更紧密的沟通关系。

小杜是一家公司的基层销售人员，由于自来熟的性格，他总是能很快同客户建立良好的关系。在公司开展的一次社群营销中，小杜作为“营销先锋”，成功开拓了社区市场，同时搜集了大量客户的微博账号。小杜通过微博跟客户进行沟通联系，并推送一些产品或活动信息，同时，通过查阅客户发表的微博，小杜也成功地发现了一些客户的兴趣及现有的需求，促进了后续的产品销售。

在如今这个变化越来越快的商业世界，客户的兴趣和需求往往只会持续很短的时间，仅靠传统的联系方式很难及时把握到客户的需求。而和客户建立网络联系，则能够时刻关注客户，发现他们的需求，及时推送一些能够提供的产品，不断加深客户对品牌的忠诚度。

和客户建立网络联系，能够时刻关注客户，发现
他们的需求，及时推送一些能够提供的产品，不
断加深客户对品牌的忠诚度。

第二节

建立社区巡查机制，数据化管理社区客户群

有一些企业和商家，看到同行们都在积极收集客户信息，也不甘人后，照葫芦画瓢。但往往是收集时兴致勃勃，用时就抛诸脑后，还是照着老一套的经验判断。或者是收集到的信息不准确、不细致，对决策根本起不到帮助。如何收集管理客户信息是社群营销的重要课题。精准的客户信息能为活动的策划、开展、改进提供科学的依据，是社群营销的重要指南针。

分片区管理，建立专职社区推广队伍

城市中的社区林立，遍布各个区域，企业和商家开展社群营销，不能仅仅瞄准一两个社区，就全然不管其他的社区。想要全方位地把握当地市场，就要对所有社区进行片区划分，不留死角地调查走访。片区的划分可以根据社区的地理位置，也可以根据社区的落成入住时间，或者是根据社区住宅的价格水平。总之，要有一个固定的基准，确保分工明确，不会出现工作重叠或遗漏。

划分片区之后，还要建立专职社区推广队伍来负责执行。没有队伍，没有人进行调查，数据化管理只是一纸空谈。有队伍但不专职，也无法保证社区各项信息的搜集准确无误。社区推广队伍的人数要根据片区的大小和片区内的居民数量来确定。一般，小容量片区安排1～2人，大容量片区则安排3～4人。

建设一支能够覆盖当地所有片区的专职推广队伍，需要相当数量的人员，因此不能仅仅依靠企业内部现有成员，而是要进行外部招聘。招聘专职社区推广人员的基本原则和条件就是保证能够吃苦耐劳，有百折不挠的精神，同时要具备一定的沟通交流能力，否则无法挖掘深层的社区信息。

人员招聘完毕后，还要进行一系列的培训，从企业和产品的基本知识，到调查走访需要获取的信息，再到沟通交流时的话术技巧。培训完毕后还要安排考核，通过考核的人员才能正式上岗。

在初期调查推广工作结束，社群营销正式开展时，可以安排推广队伍协助营销人员完成社群营销的各项工作，对于表现优异的成员，可以考虑吸收成为企业的正式营销人员。

片区划分

建立专职队伍

培训

基本知识

调查走访

话术技巧

考核

安排固定人员不定期进行摸排检查

作为企业或商家的经营者，不能够偏听偏信，对于任何信息，都要经过多方面的核准。专职社区推广队伍毕竟是临时组建起来的团队，经营者对于团队成员缺乏足够的认识和了解。即使通过培训能让他们掌握必备的能力，但却难以把握他们的工作态度，实际的工作效果，他们通过巡查搜集到的社区资料，也无法确定准确性如何。

因此，安排企业内部的固定人员，不定期走入社区进行摸排检查，掌握社区推广队伍的工作进度和成果，是很有必要的。

董女士是一家企业的营销经理，她在管理社区推广队伍方面就有一套卓有成效的制度。在根据片区分配好推广人员后，董女士还会根据片区的大小，给数个片区安排一名企业内部的专业营销人员，该营销人员要进行他所负责片区的每天的工作监督、核查、汇报等工作，当推广人员遇到工作困难时，营销人员要迅速提出解决方案，帮助推广人员解决问题，还要及时教授推广人员有用的技巧和经验。

通过这项制度，推广人员不仅工作认真，而且能力提升迅速，搜集到的社区资料既全面，准确率也极高。

董女士不仅是将摸排检查作为一种监督制度，同时也是作为一种协助制度。在对巡查结果检查确认的同时，帮助推广人员自我提升，让他们的工作更符合公司要求，形成良性循环。

如果安排人员摸排检查仅仅是为了找出推广人员的工作有没有错误和疏漏，难免会伤害推广人员的感情，他们会觉得管理层对自己毫无信任，很快就会失去信心和热情。所以，在监督的同时，要给予推广人员必要的帮助和指导，让他们感觉到企业的关注和培养，提升他们对于企业的认同感，这样能够取得更为根本的成效。

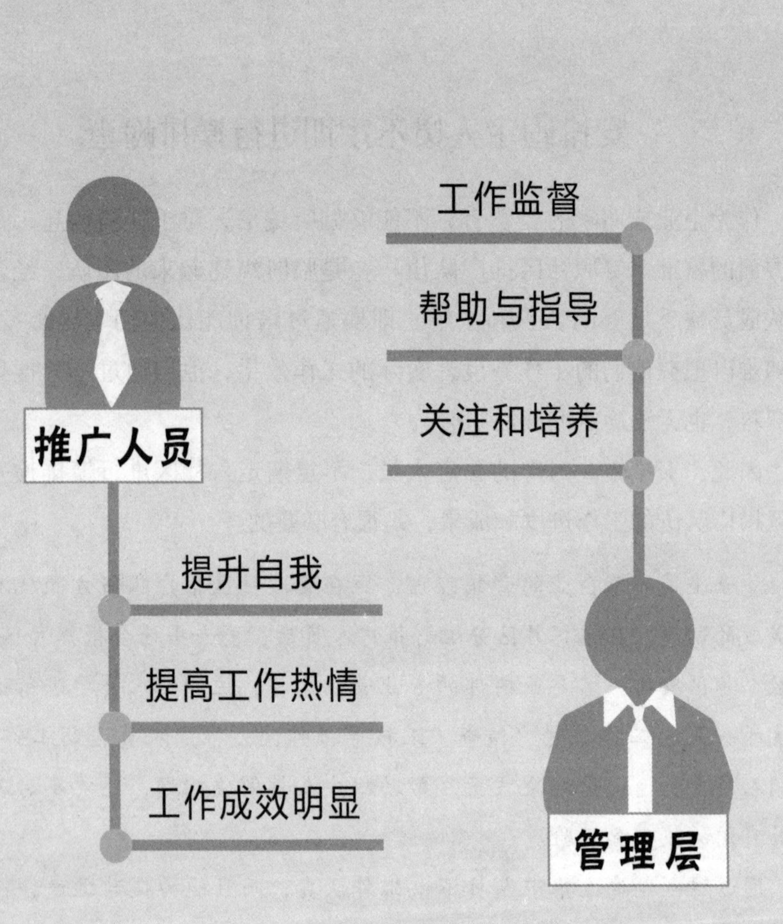

安排企业内部的固定人员，不定期走入社区进行摸排检查，掌握社区推广队伍的工作进度和成果，是很有必要的。

建立社区档案库，详细记录巡查结果

赵明在大学毕业后，选择回家乡开设了一家鞋店，专门销售各类布鞋、运动鞋等。赵明在大学学习的是市场营销专业，凭借几年的知识储备和一段时间的实习经验，赵明在经营中总是积极地收集客户资料，记录客户购买的产品类别，调查客户的喜好。

赵明最初是通过客户资料簿来记录客户信息的。刚开始由于接触到的客户数量有限，赵明还看得过来，但后来，客户资料越来越厚，根本难以进行准确的归纳分析。在这种情况下，赵明自主学习了数据库知识，将所有的客户资料全部输进电脑，他可以根据自己的需要对客户资料进行分类、排列，迅速查询到急需的信息，大大提高了自己的工作效率。

赵明正是通过构建客户资料库，分析总结不同性别、不同年龄段的客户的购买倾向，从而保证了经营决策方向的正确性。

对社区进行深入的调查，收集社区内的各项信息，是开展社群营销的第一个步骤。社区的人口规模、居民年龄结构、文化层次水平、居民作息习惯以及社区的地理环境情况等，都是需要调查收集的信息，是在拟订营销组合策略时的重要依据。

在社区推广人员详细记录巡查结果之后，营销人员每天要将这些资料汇总，并提交给管理层人员。然后再由管理人员核查后，安排专人将资料全部输入电脑，构建电子档案库，方便管理人员查询、分析，做出营销提案或决策。

传统营销活动中难以大量统一地收集客户信息，而且收集到的信息杂乱，客户分布范围太大，营销人员很难做出归纳分析，实际工作中也经常用不上。但是社区这个相对封闭的地域，相对固定的人员构成，为营销人员收集归纳客户信息提供了良好的客观环境，让营销人员不仅收得到，而且用得上。

文化
层次
年龄
结构
作息
时间
人口
规模
地理
环境
数据库
方便查询分析
制作营销提案与决策

及时更新社区档案库

社区的环境不可能一成不变，社区的地理情况，配套设施的建设，住户的消费观念乃至作息习惯，都会随着时间的推移产生一定的变化。老住户的流出，新住户的流入，会使这种变化更加明显激烈。营销人员要密切关注社区环境变化，及时更新社区档案库，发掘出正确合理的营销机遇。

卢先生经营着一家休闲类服装店，主要面向十几岁到二十几岁的年轻人。近期，他策划了一场社群营销方案，目标社区是当地的一个传统社区，卢先生曾在两年前在该社区开展过一次营销活动，社区内有许多二十岁出头的年轻人，因此营销效果很好。

如今再度开展类似的社群营销，卢先生自然驾轻就熟，很快地完成了方案，安排人员在社区内贴海报、挂横幅，大力宣传和推广。但是到了活动日，现场却十分冷清，卢先生很纳闷，赶紧派人去查明原因。原来，最近两年，该社区的年轻人掀起了结婚热潮，由于社区住房相对老旧，因此他们大多买了新房搬了出去，如今在这里居住的大多是长辈，休闲类服装当然无法提起他们的兴趣。

由于卢先生依赖过时的资料，没能正确把握社区市场现状，最终做出了错误的决策，导致前期的宣传投入和准备费用全部打了水漂，社群营销也以失败告终。

如果企业缺乏足够的人手和精力时刻关注社区，也可以将勘察周期延长，一个月，甚至一个季度定期展开一次调查，更新社区档案库。即使一直没能安排人员更新，至少也要在新一轮社群营销开展前进行集中调查，以此来确认社区环境和之前取得的资料相比有没有变化，具体有哪些变化，然后再做出营销决策。

地理情况

配套设施的建设

消费观念

作息习惯

老住户流出
新住户流入

营销人员要密切关注社区环境变化，及时更新社区档案库，发掘出正确合理的营销机遇。

如何在营销活动中针对消费者的兴趣和需求，突出产品的功能和特点，是营销活动成败的关键。产品、价格、促销、渠道，营销中的每一个要素都能够作为营销的诉求点。根据不同的客户群开展不同主题的营销，能够让活动既有独到特色，又对消费者有吸引力。

进行市场细分，精确客户定位

现在的房地产开发商在楼盘设计伊始就已经根据消费者收入、年龄、教育层次等方面进行过了市场细分，再以个性化的楼盘吸引特定的消费群体，有着十分精准的客户定位。这些都给想要进行社群营销的企业和商家提供了良好的条件，省去了寻找集中市场的时间和精力。

李先生开设了一家奔驰4S店，主要面向城市“金领”，销售奔驰品牌的高端类型轿车，由于针对的客户群体较为有限，李先生决定深入社区内部做针对性的宣传推广。李先生选择了当地几个高档的社区，安排人员在社区的宣传栏和楼道、电梯旁贴上了宣传海报。

经过了一段时间的宣传之后，李先生感觉没有取得什么效果。于是他又安排营销人员进入社区，和居民们攀谈，来寻找宣传不力的原因。原来，这些社区内的高收入人群大多都居住在别墅区，而作为宣传主要区域的小高层居住的大多是普通白领，虽然他们生活也很富足，但是高档轿车对于他们还是负担太重。

找到了原因之后，李先生迅速调整了宣传策略，制作了更加高档的综合性宣传手册，直接邮寄到社区内别墅区的每家每户。刚到周末，李先生的4S店便来了许多看车以及咨询的客户，调整后的宣传效果立竿见影。

李先生非常明确自己的目标客户，于是他选择了高档社区，但是这个市场选择仍然不够精确，于是通过进一步的调研，根据社区内的不同住房类型做出了进一步的市场细分，最终找到了真正有需求的客户。

进行市场细分，精确客户定位，对于任何企业和商家来说，都是经营的必经之路。无论是什么产品，首先都要有市场，还要准确地挖掘出这个市场，才有可能销售出去，从而实现产品价值。精准的市场定位，是经营、生产、销售决策的正确性的有力保障。

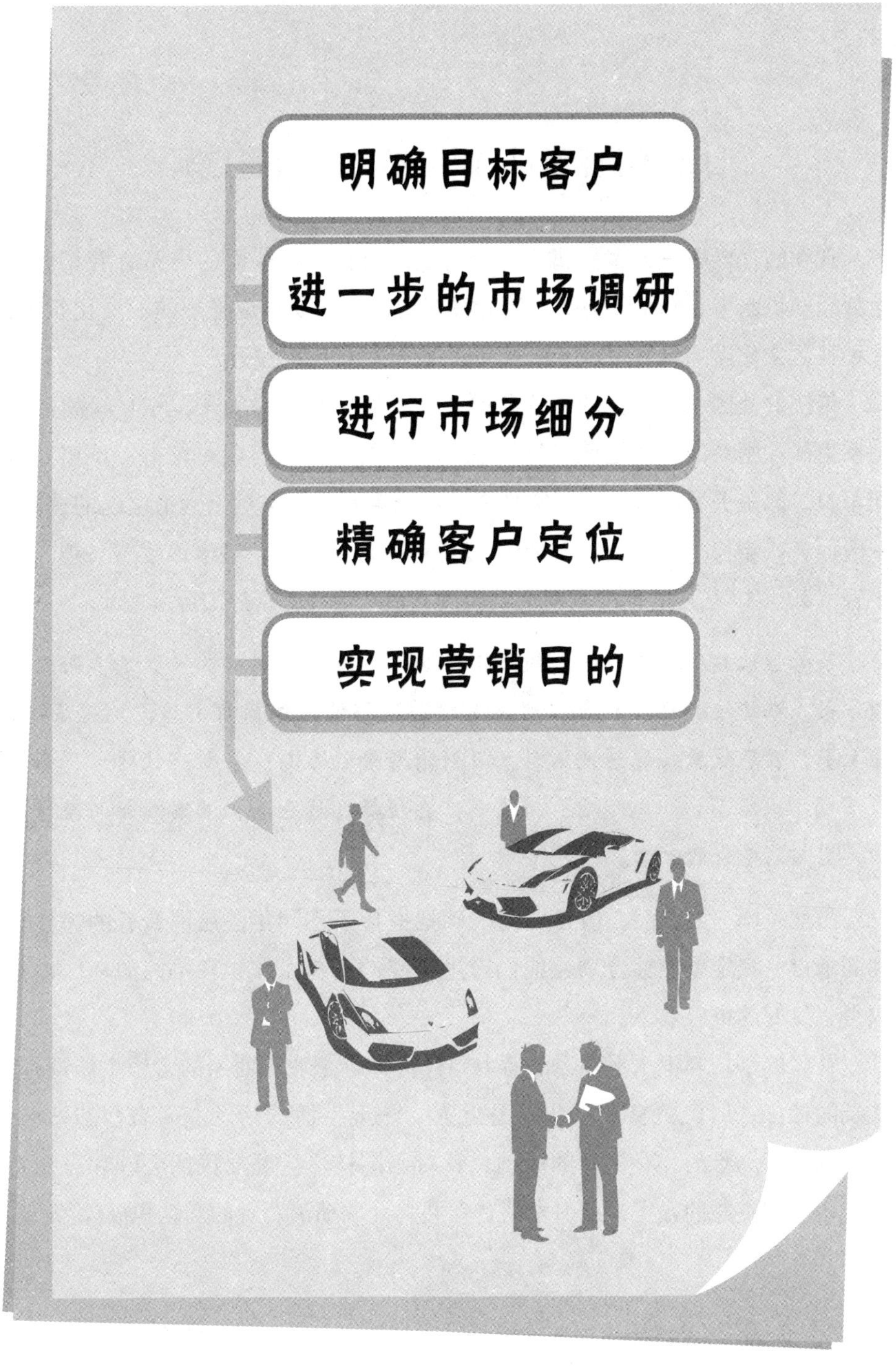

明确目标客户

进一步的市场调研

进行市场细分

精确客户定位

实现营销目的

	类型	特点	营销主题
文化程度	传统社区	年长者居多	自我健康、教育
文化程度	新兴社区	年轻者居多	追求新潮、浪漫、交际
经济能力	低端社区	经济能力低	平易近人、贴近生活
经济能力	高档社区	经济能力高	高雅、有格调的活动

厂商准确把握住了不同年龄层消费者的关注点和需求点，拟定能够分别让他们产生兴趣的营销主题，在不同的社区内都会取得良好的推广效果。

采取有针对性的营销方式

年龄层次是决定购买模式的一个重要因素，根据客户年龄段的不同，采取不同的针对性营销方式，是刺激客户购买的重要手段。

年轻的消费者大多是冲动性购买，容易受到宣传和促销的影响，只要对产品或活动感到满意，他们会瞬间做出决定。而随着客户年龄层的增加，他们的决策会越来越慎重，不易受到宣传的影响，在没有确认产品品质之前不会轻易地购买。

所以在面对年轻的消费群体时，应该以生动的宣传和大力度的促销活动为主，针对快速消费类产品，可以鼓励消费者批量购买，给予更多的优惠。而在面对年长的消费群体时，则以产品体验为主，快速消费品可以免费赠送一两件试用装，长期使用的产品可以提供现场体验活动，打消消费者的疑虑，加强其对产品的认知。

促销活动的赠品或奖品的选择也要根据消费群体的不同做出区分。对于年轻的消费群体，可以选择年轻人喜欢的畅销书，商场或餐馆的购物优惠券，时尚的小礼品、装饰品等。对于年长的消费群体，可以选择日常生活中常用的物品，注重实用性，如雨伞、折扇、烹饪器具等。

根据不同客户群的消费心理特点，采取针对性的营销方式，能够让消费者更容易对产品和活动产生兴趣，从“心动”到“行动”，做出最终的购买决定。

	年轻人	年长者
消费特点	冲动型	慎重选择
营销方法	宣传、促销	产品体验
活动赠品	畅销书、时尚饰品	实用性，如雨伞、厨具

根据客户年龄段的不同，采取不同的针对性营销方式，是刺激客户购买的重要手段

平衡各方客户关系

某新上市的功能饮料市场反响不错，当地的许多便利店和零售商都引进了该产品。但在近期，传出了饮料的生产商为了进一步开拓市场，决定在当地的各个社区进行优惠促销的消息。这对于刚刚大批进货的零售商们来说无疑是晴天霹雳，他们纷纷致电生产商，表达自己的不满和愤怒。生产商的负责人倒是心平气和，他劝零售商们少安毋躁，厂商很快会派人上门进行说明解释。

到了第二天，生产商的工作人员一家家地拜访零售商，向他们说明了企业的营销策略。厂家在社区开展优惠促销活动，但是会优先从社区附近的零售商处调货进行销售，并给予零售商们一定的销售返利补偿。零售商们算了一笔账，发现自己赚的钱不比正常销售少多少，而且还增加了销售速度，提高了产品知名度，于是表示接受，支持厂商活动。

该饮料生产商清楚地认识到了自己的客户不仅仅是社区内的住户，社区周围的便利店和零售店同样也是自己的客户。因此在开展社群营销时，通过让利便利店和零售店，开展促销活动，既让社区住户们得到了实惠，也没有伤害到便利店和零售店的利益。

对于已经引进相关产品的便利店和零售商，如果企业在社区内大搞降价促销，势必直接降低了他们的销量。频繁的、长期的促销活动，会给便利店和零售店造成很大的损失，必然导致合作关系破裂。

而如果为了照顾便利店和零售店的利益，就按照零售价甚至高于零售价来开展营销，则又会引起住户的不满，住户们会认为企业不诚信，直销价居然和零售价差不多甚至还高。这样，不仅营销活动会失败，也会破坏企业形象。

在社群营销中，制定正确的活动策略，平衡各方利益关系，不仅有助于营销活动的成功，也能为产品的后续销售创造好的环境。

生产商
返利补偿，优先调货
支持
直接进行营销活动
树立形象、活动成功
社群营销
间接进行营销活动
促进营销活动进行
便利店
住户
制定正确的活动策略，平衡各方利益关系，不仅有助于
营销活动的成功，也能为产品的后续销售创造好的环境。

选择正确的时间、地点

开展社群营销，无论是现场促销活动还是宣传推广活动，都要选择正确的时间和地点。绝大多数产品的消费主力都是上班族，他们早出晚归，白天在社区内的主要以老年人为主。只有晚上、周末和节假日是社区居民最为集中和空闲的时候，这些因素决定了营销活动在时间上有很大的限制性。

一般情况下，现场促销活动还是应选择在白天举行，因为晚上是居民的休闲时间，一般不容易调动他们的购物热情，而且在白天举办也有足够的曝光度。相应的，用以拉近居民距离，提高品牌认知度的宣传推广活动，则可以选择在晚上举办。

地点的选择上，无论是现场促销还是宣传推广，都要遵照人气优先的原则。通过事前调查，弄清楚社区人流集中以及人流量最大的地方，最大限度地吸引目标消费人潮，最大限度地提升活动开展效率。

某企业计划在社区内宣传推广企业产品和品牌，为了保证宣传效果，决定开展“送电影进社区”的活动。企业首先联系了电影公司，由他们出面，联合社区物业，以“丰富社区文化生活”为主题，每晚在社区广场进行露天电影播放，为期一周。而企业作为赞助商，在电影播放期间插播产品的宣传广告，提高社区居民对产品的认知度。

该企业首先明确了宣传的时间和地点——晚上的社区广场，然后根据时间和地点策划了合适的营销活动——露天电影，吸引了足够多的居民参与，保证了宣传效果。

选择正确的时间和地点，不仅是为确保营销活动受众尽可能地多，也是以此为出发点策划活动方案，以喜闻乐见的方式贴近居民的生活习惯。

选择正确的时间和地点，最大限度地吸引目标消费者人潮，最大程度地提升活动开展效率。

丰富社区文化生活
送电影进社区

选择较为合适的进驻方式

任何一个社区内，过于频繁地开展营销活动，都会引发物业和居民的抵制。物业担心管理失控会引发各类安全事故，而居民则常常对纯商业活动抱有本能的心理抵触。如何避开物业和居民的心理防线，不引起对方的反感，就需要选择合适的社区进驻方式。

企业和商家通常可以选择以下三种社区进驻方式。

1. 单独进驻

单独进驻是最简洁的进驻方式，不需要过多的准备，只要进行好物业公关，取得了物业的批准和支持，便可以按照制定好的营销方案按部就班地在社区内开展活动。

单独进驻最好选择营销活动举办不多的社区，以及同行没有大规模进驻的社区，这样有助于活动的开展。

2. 异业联合

异业联合就是与不同的行业联系，合作公关、合作宣传、合作展示、合作促销，共同开展社群营销。不仅能够共享资源，节约费用，也能增强营销力度，避免营销活动过于分散和频繁引起居民的反感。

但是，异业联合不是随意地选择合作对象，要选择具有相关性的行业，保证目标客户一致，销售时间一致。例如，地板、涂料、家具、卫浴等行业，便可以选择居民刚刚开始入住的社区，联合进驻，共同进行宣传推广，为社区住户的家居装修提供一系列全方位的选择。

3. 赞助活动

赞助活动就是通过和物业或开发商联系，合作开展社区联欢会、业主联谊会等活动，取得晚会冠名。赞助一定的金额，提供产品作为奖品，或是表演节目，在节目中穿插表现产品的环节，给社区业主留下印象。

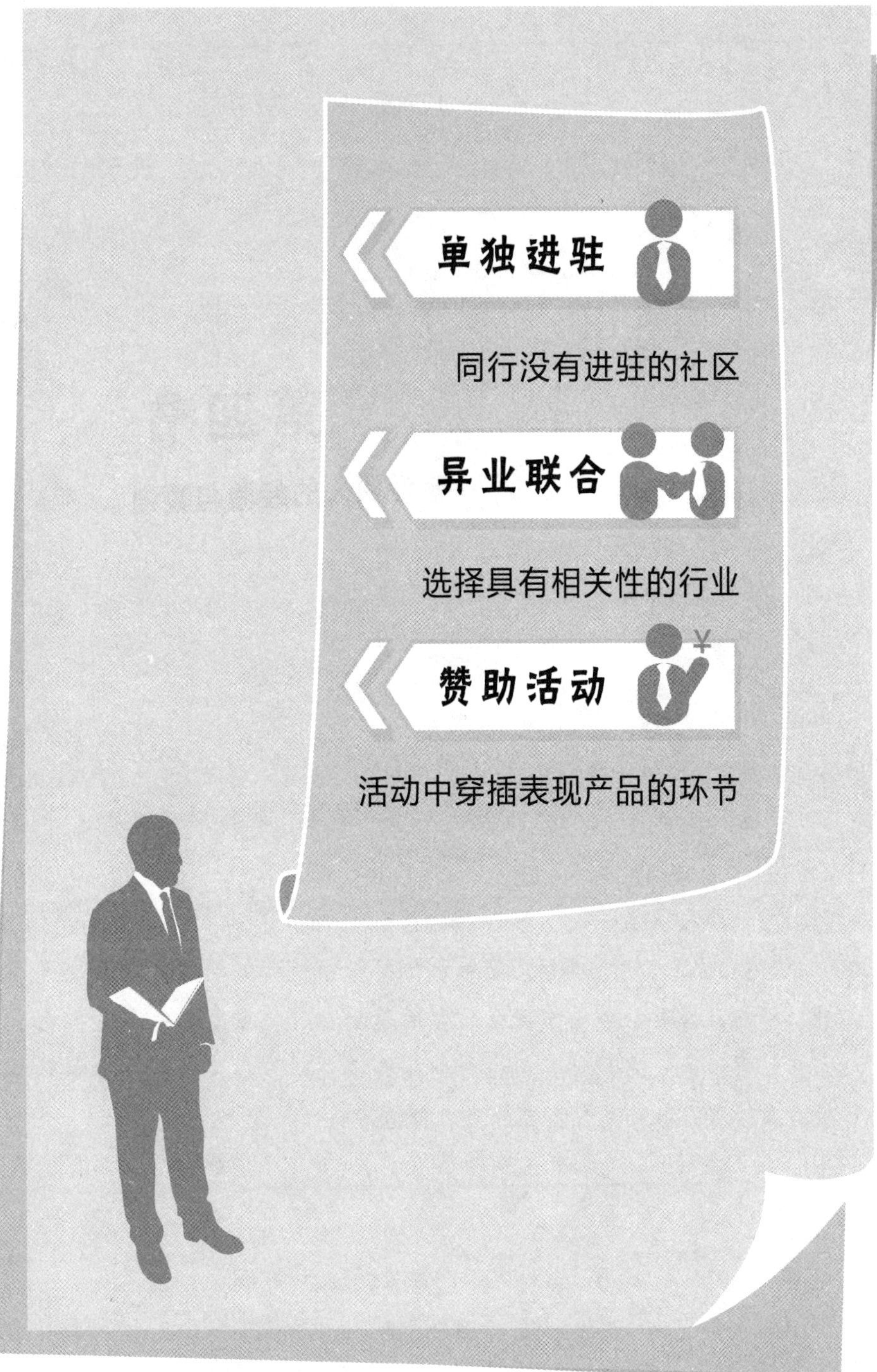
单独进驻
同行没有进驻的社区
异业联合
选择具有相关性的行业
赞助活动
¥
活动中穿插表现产品的环节

第四节

参考别人的经验与教训

“它山之石，可以攻玉”。对于社群营销技巧的学习、能力的提升，不能只局限于企业和商家自身的策划参与，观察其他企业和商家在社群营销中的种种表现，总结他人经验与教训，对企业和商家的自我改善，同样具备极高的参考价值。

不放过每次参加社群营销活动的机会

进行社群营销，不仅要考虑到产品和市场，也要照顾到社区居民的日常生活，因此，社群营销不具备传统的店面营销的高自由度，不能够完全依照企业和商家自身的需要，随意地开展。

绝佳的社群营销时机是极其有限的，每一次开展社群营销的机会都十分宝贵。如果活动开展不当，效果不佳，非但不能为企业带来利益，浪费人力物力，更糟糕的是会给社区居民留下不好的印象，以后再想开展营销活动，赢得社区居民对产品和品牌的好感，难度会更高。

想要确保社群营销取得预计的成效，不浪费营销时机，就需要不断提高企业和商家自身的水平。而仅靠企业和商家自身开展活动，对于提高社群营销水平来说是远远不够的，可能还未等你归纳总结出完善的社群营销技巧和方案，社区居民们就已经在心里把企业“拒之门外”了。想要快速提升自我，就需要以旁观者的身份认真观察、学习、总结，任何企业和商家在社区内开展营销活动，对于我们来说都是一次极好的学习机会。

企业和商家可以通过社区巡查机制，密切关注各个社区的情况，当发现某社区内即将或正在开展营销活动时，第一时间向上级汇报，营销经理接到报告后，迅速安排营销人员进入社区，扮成消费者参与营销活动，体验产品和活动内容，观察并记录宣传推广方式和优惠促销策略。

企业和商家可以通过社区巡查机制，密切关注各个社区的情况，当发现某社区内即将或正在开展营销活动时，第一时间向上级汇报，营销经理接到报告后，迅速安排营销人员进入社区，扮成消费者参与营销活动，体验产品和活动内容，观察并记录宣传推广方式和优惠促销策略。

营销活动进行中

仔细观察社区客户对活动的反应

企业的营销人员在参与竞争对手的营销活动时，不能仅关注活动本身的创意设计和操作执行，仔细观察社区客户对活动的反应同样至关重要。

营销活动的好与坏，真正的评判者是社区客户，营销人员自己的观点和感受是不能作为主要参考意见的。社区客户在面对不同产品、不同活动环节时，是情绪高涨还是情绪低落，不同性别、年龄层的客户分别有怎样的反应，这些都是判断产品和活动的具体效果和适用消费群体的直接材料。

对于客户反应的观察一定要是直接的、客观的，不能夹杂营销人员自己的主观想象，否则的话，参与竞争对手的营销活动就毫无意义，不能获取真实有效的经验教训，进行营销决策时还是同样的“闭门造车”。

例如，一些企业和商家为了引起儿童的注意，会开展“儿歌演唱大赛”来营造现场气氛，按照营销人员的想象，这类活动必定能吸引大批儿童，但结果却往往是反应冷淡，参与者很少。根据相关部门的调查，如今12岁以下的儿童绝大多数表示平时不喜欢听儿歌，而是喜欢听流行歌曲。如今儿童的成长环境有了很大的变化，他们能够接触到的信息量远非过去所能相比，因此儿童的品位、爱好、兴趣也发生了一些变化，如果不去观察，仅仅凭借主观的想象，必定无法获取真实的客户反应信息。

观察社区客户对活动的反应要尽可能细致，对活动内容、客户类型，都要进行细分，这样获取的信息不仅正确、全面，也方便与客户进一步地沟通交流。

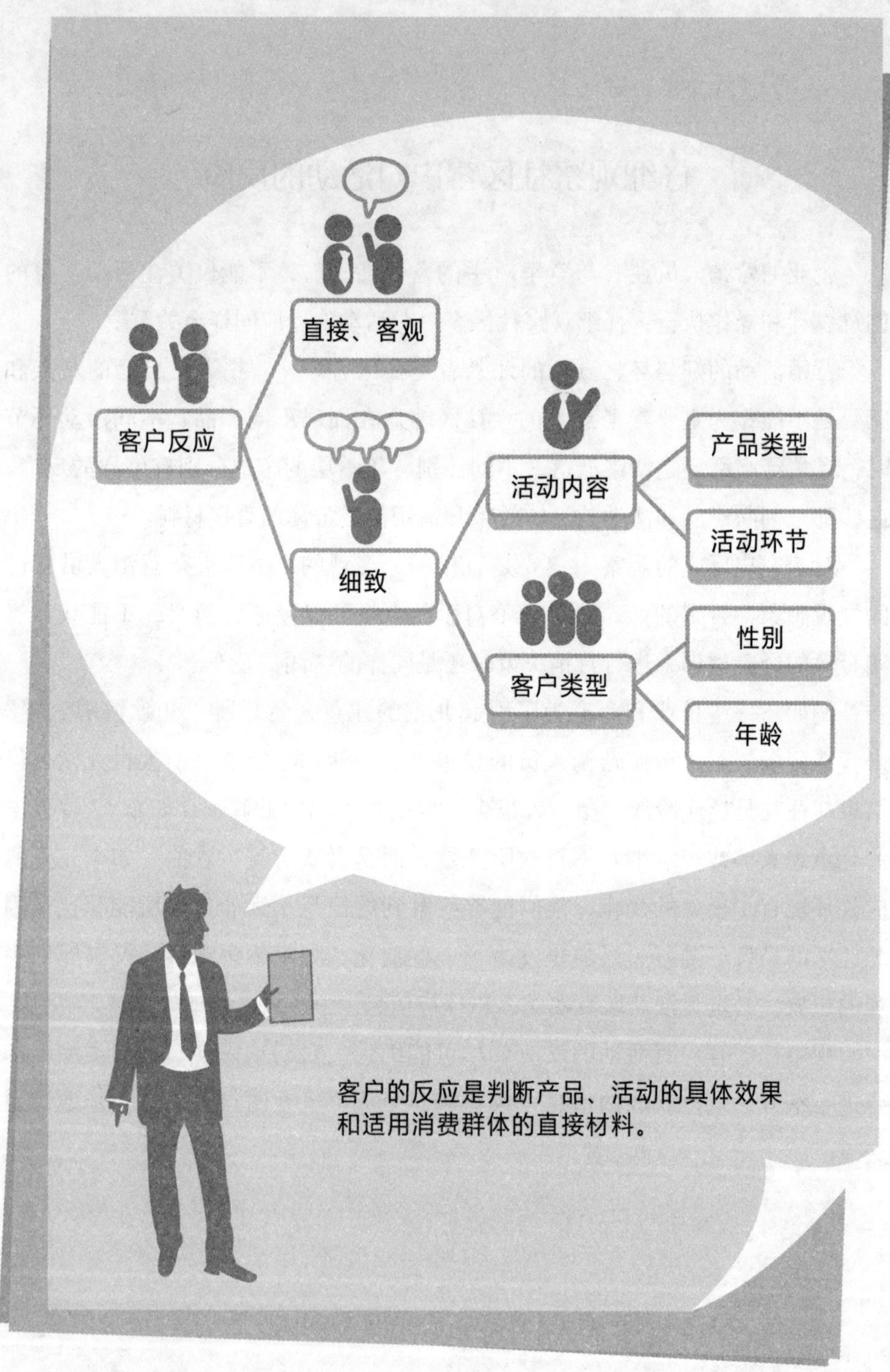
客户反应
直接、客观
细致
活动内容
产品类型
活动环节
客户类型
性别
年龄
客户的反应是判断产品、活动的具体效果
和适用消费群体的直接材料。

深入沟通，获取真实意见

观察社区客户对活动的反应，只能大致地判断客户的好恶倾向，为了获取客户对产品与活动的具体、真实的意见，还需要营销人员同社区客户进行深入沟通。

营销人员可以扮成活动举办方的工作人员，以活动调查的名义询问社区客户对于产品、活动环节、促销策略的看法和意见，这是一种简捷直接的获取信息的方式。

不过，社区客户可能会对活动举办方心存顾虑，说一些客套话敷衍了事，这不利于我们的营销人员搜集准确的信息。因此，营销人员也可以扮成参与活动的客户，寻找契机和周围的社区客户攀谈，表达自己喜欢活动的哪些方面，又对哪些方面有不满，从而创造话题，吸引社区客户参与讨论，发表自己的意见建议，确保信息的真实性。

营销人员在发起话题时，一定要注意话题观点要尽可能和社区客户的观点贴近，这需要营销人员根据之前观察客户对活动的反应来做出判断。如果客户对某个活动反应冷淡，而营销人员却大谈特谈这活动多么多么好，客户可能就会在心里冷笑一声，然后闭口不语。相反的，营销人员要是先提出一两点活动的缺陷，就会很容易让客户打开话匣子，积极地提出自己的意见。

深入沟通的目的是尽可能搜集社区客户真实、具体的观点和看法，所以营销人员要少说多听，少评价多记录，只需要在开始沟通前，以及在沟通陷入沉默时适当提出话题引子，让客户尽量多地发表意见。

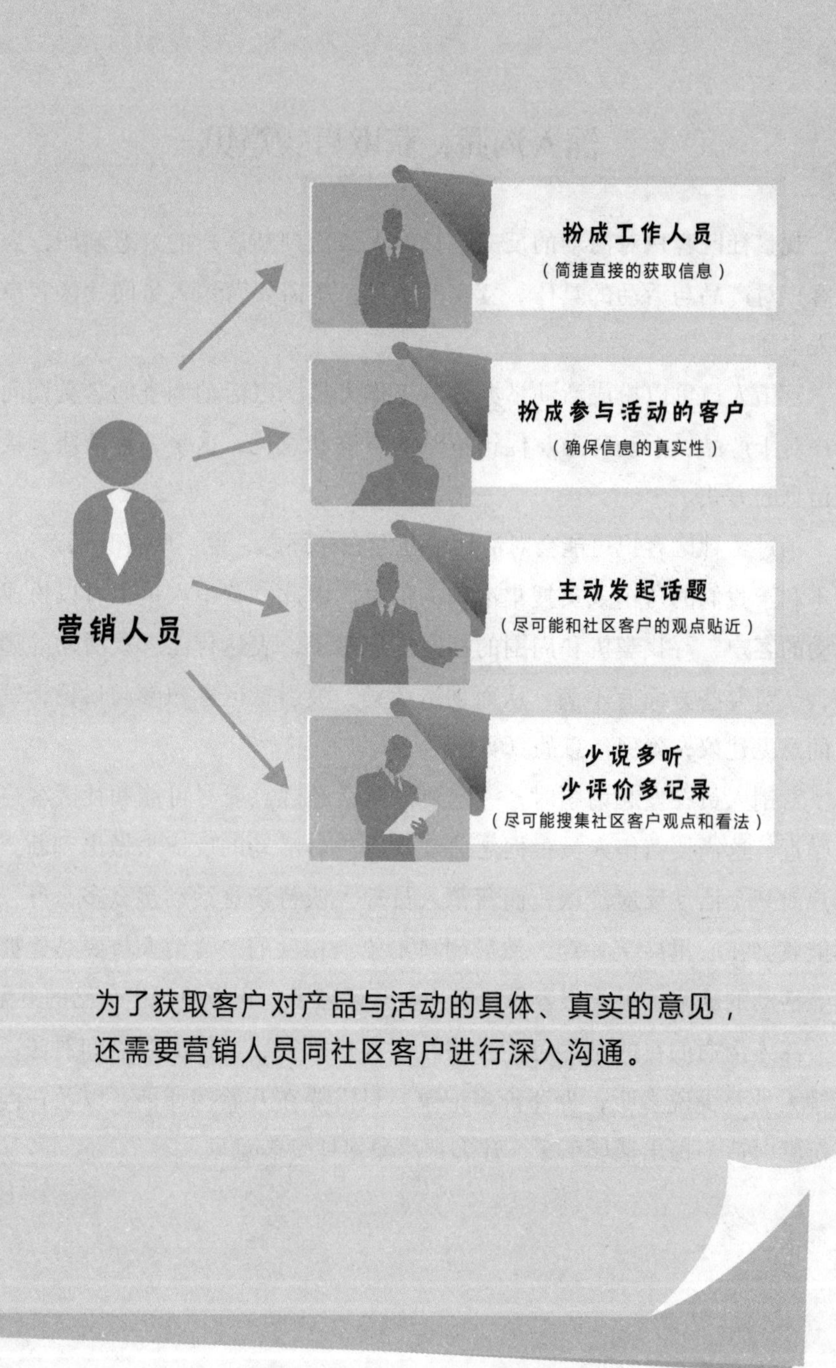
扮成工作人员
（简捷直接的获取信息）
扮成参与活动的客户
（确保信息的真实性）
主动发起话题
（尽可能和社区客户的观点贴近）
少说多听
少评价多记录
（尽可能搜集社区客户观点和看法）
营销人员
为了获取客户对产品与活动的具体、真实的意见，
还需要营销人员同社区客户进行深入沟通。

建立经验簿，以供参考

积极参与竞争对手开展的社群营销，不能只流于表面，还要做好详细记录，进行深层次的分析总结，学以致用。好的经验可以复制与提炼，结合企业自身进行修正和改进后作为己用，保障企业开展的社群营销能取得理想的成果。坏的教训予以淘汰，并将其作为警示，提醒营销人员不犯相同的错误。

韩先生是一位瓷砖代理商，由于在同行中起步较晚，在当地的市场份额很小。每当有新的小区开始交房后，各类建材、家装行业的商家就会蜂拥而至，开展社群营销。每当面临这种情况，韩先生总是不知所措。跟随吧，感觉自己没经验没实力，肯定竞争不过，不跟吧，又怕被同行越抛越远。

后来，韩先生想，那么多商家开展社群营销，效果肯定有好劣之分，自己没必要盲目跟进，可以先进行跟踪学习。于是，每当有社区开展营销时，韩先生便会派员工或是亲自前去参与，并认真做好记录，逐渐搜集了厚厚的一叠资料。韩先生通过研究发现，社区居民对瓷砖的选择更多的是考虑装修的整体风格，他们对单独的宣传推广往往不感兴趣。

韩先生据此确定了自己的营销方案，跟当地较知名的装修公司合作，在装修公司进行社区宣传时，根据不同的装修风格配上合适的瓷砖做样品，既节省了费用，也取得了不错的销售业绩。

能够抓住机会的总是有准备的人，面对已接近饱和状态的瓷砖市场，韩先生没有轻易放弃，也没有盲目跟随，而是通过学习其他同行的经验找到了合适的营销方式，做到了“后来者居上”。

企业和商家亲自经历的状况终归是有限的，如果仅仅依靠自身的经验，遇到未知的重大事件时难免会不知所措或是错误连篇。竞争对手的经验是一份很好的学习资料，企业通过参考他人的经验分辨出正确与错误，汰劣存优。

经验簿
竞争对手的经验是一份很好的学习资料。

第五节 在经验的基础上创新

社区毕竟不是公共娱乐场所，营销活动不能耗时太长，否则就会影响居民的正常生活。再加上居民仅在少数时间段集中在社区内，因此营销活动往往十分短暂。如何在有限的时间内给居民留下最深刻、最满意的印象，就需要企业和商家不断进行营销创新。

活动创意要深刻

社群营销活动在主题和形式上是可以多种多样的，但每一次活动，都要保证足够特别，足够吸引眼球。活动的创意并不像想象中那样困难，不需要惊天动地的奇思妙想，或者是机关算尽的完美策划，一些细节的革新，形式的变化，往往就可以使消费者侧目。

事实上，消费者如今越来越见多识广，企业和商家的营销活动想要使消费者“大吃一惊”几乎是难以完成的任务，目标不需要定得那么高，只要让消费者觉得，“这活动挺有意思”“这活动有些与众不同之处”，便足够给消费者留下深刻印象了。

西门子电器曾经做过一场极富创意的营销活动，在广场上布置了几个很大的模型房子，消费者走进房子会发现，里面的结构和普通的住房极其相似，有完整的厨房、卧室、起居室等各类房间，里面摆放的全是西门子的各类家电，还有各种灯光效果。消费者在参观时更有身临其境的感觉，可以一边看一边想象某种家电摆在自己的家中是何种效果。

同样是产品宣传与展示，但是比起传统的店面展示或者是露天展示，通过这种有创意的展示形式无疑给消费者留下了更加深刻的印象，带去了更好的产品体验。

一场营销活动难以符合全体消费者的口味，使所有的参与者都开口称赞。同样的营销活动，在一些消费者眼中可能是平淡无味的，而另一些消费者却会津津乐道，谈论许久。所以，活动创意同样要考虑到主要目标消费群的兴趣和喜好，人们对于喜欢的、感兴趣的活动总是更容易留下深刻的印象。

一些细节的革新，
形式的变化，
往往就可以使消费者侧目。

不要在同一个小区重复举办同一个活动

无论活动的创意多么令人拍案叫绝，也尽量不要在同一个小区内重复举办。消费者的兴奋度会随着同样活动的不断举办而迅速地降低。久而久之，社区居民会觉得企业或商家已经“黔驴技穷”，对产品本身也不会再关注了。

某画具商店主要面向低龄儿童销售各类彩笔、颜料、宣纸等绘画工具，六一儿童节之际，在当地一个大型社区内开展了为期三天的“儿童绘画大赛”，进行宣传推广。活动第一天，吸引了大量儿童和家长的参与，现场相当火爆。第二天活动刚开始时，仍旧聚集了很多人，但社区居民发现活动没有任何变化后，唰，散去了一半。到了活动第三天，参与者寥寥无几，现场极度冷清。

如今，人们的生活太过丰富多彩，人们总是很容易产生厌倦，不断地去追求新鲜事物。该画具商就是被第一天活动现场的火爆场景混淆了视线，认为活动是成功的，因而没有做出丝毫变化，最终面临消费者急速下滑的兴致，活动草草收场。

企业和商家肯定会不止一次地在同一个社区开展营销，每当新产品上市时，便是新一轮的营销需要开展之时。一些企业和商家在进行新产品营销，尤其是同一系列的新产品营销时，往往会采用过去使用过的营销活动方案，他们认为，全新的产品有足够的新意吸引消费者的目光。

但实际情况并不总是这样，消费者总是会习惯性地陷入类推思维，如果营销活动缺乏创新和变化，他们就会认为产品也没什么太大的创新，顶多是换了个包装，改了个造型。一旦让消费者产生了这种想法，就会给产品的宣传与推广平白增添许多麻烦。

所以，企业和商家不要图省事，或者是沉浸在过去的成功营销活动中，要不断地变换活动内容，让消费者始终体验到新鲜劲儿，他们才会买你的账。

儿童绘画大赛
已经参加两次了，没有什么意思，我不想去。
我们去参加绘画大赛吧！
都是第三天了，我一点都不想去。
怎么又是绘画大赛。
社群营销要不断变换活动内容，让消费者始终体验到新鲜劲儿，这样才能保证消费者的积极性。

不要刻板模仿竞争对手

有人曾说过："第一个把漂亮姑娘比作鲜花的是天才，第二个是人才，第三个是庸才，第四个就是蠢材了。"

社群营销也是一样，任何一次活动都要有自己的特色。竞争对手的活动方案很有创意，很有成效，我们可以借鉴成功之处，但不要刻板模仿，完全照抄，这样不仅提不起消费者的参与积极性，也会在无形中降低自己在消费者心中的相对地位。

可口可乐是"可乐界"的宗师和大腕，在取得成功之后，曾有无数的可乐产品模仿他们的宣传策略，宣扬自己的可乐如何正宗，如何好喝，但无一例外全部走向了失败。只有百事可乐采取了完全不同的宣传策略，他们宣称自己的产品是"年轻一代的选择"，将青少年作为主要目标客户，最终在市场上站稳了脚步。

有太多太多的企业曾陷入过模仿的误区，面对市场上的成功者，他们很自然地会想："既然他们取得了成功，说明他们的做法是正确的，所以采用同样的方法，我们也能取得成功。"但结局往往不像设想的一样美好。同一家企业，开展同样的创意活动，也会使消费者审美疲劳，而如果其他企业模仿，不仅不能吸引消费者注意，反而还会引起他们的反感。人们总是对创新的天才充满敬意，而对盲目跟随的模仿者不屑一顾。

再者，模仿竞争对手，与其展开对垒，往往需要建立明显的优势才有可能成功转移消费者的注意力，这就意味着需要高额投入。创新才是第一生产力，缺乏创新的营销活动是十分不经济的。

企业和商家不要吝惜自己的创造力，看到其他企业和商家取得成功后，不要随波逐流，盲目模仿。多换几个角度看待问题，融入自己的特色，贴上自己的标签，才能在消费者心中树立独一无二的形象。

宗师
年轻一代的选择
Coca-Cola
PEPSI
企业和商家不要吝惜自己的创造力，
看到其他企业和商家取得成功后，
不要随波逐流，盲目模仿。
多换几个角度看待问题，
融入自己的特色，贴上自己的标签，
才能在消费者心中树立独一无二的形象。

宣传方式创新

除去现场活动，宣传方式也要进行创新。传统的社区宣传方式无非是到处做招贴，随处挂横幅，宣传单路路发、户户塞，既影响社区美观，也不利于环境卫生，居民们厌烦都来不及，更不愿意去关心宣传内容了。即便他们去看了宣传内容，那么也极有可能是为了把企业或商家拉进“黑名单”。

对一些管理不是很严格的社区，营销人员常常会挨家挨户，将不干胶广告直接贴在住户的大门上，整个大门上满满的全是各类小广告，而且清洁起来十分麻烦。这种遭人唾骂的宣传方式，怎么可能会给社区客户留下好印象呢?

在做社区宣传时，企业和商家应当有选择性地进行品牌宣传，实物展示与体验是居民乐于接受的方式，既能近距离、全方位地体验产品，在宣传结束后也由企业和商家进行撤收，不会带来任何困扰。

在宣传单的设计和制作上，也可以进行人性化的创新。例如，在宣传单的背面印上地图、列车时刻表、日历等，或者是印上产品的优惠券、现金券。还可以改变宣传单的样式，不再做成单薄的一张纸，而是做成信封、小纸袋的形式。这些虽然增加了一部分成本，却可以让社区居民因为使用价值而接受这些宣传单，增加居民接触广告信息的机会，而且还不易引起居民的反感，给他们留下独特的印象。

经营者和营销经理明明心里清楚传统的宣传方式效果不佳，为何还不思改进呢？宣传创新其实很简单，一些小小的改变就能让企业鹤立鸡群，在消费者的心中与竞争对手区分开来，宣传方式本身也能够成为一种“卖点”。

	传统宣传方式	新兴宣传方式
具体做法	做招贴、随处挂横幅 宣传单：路路发、户户塞	实物展示与体验 宣传单：人性化的创新 信封、小纸袋
居民反应	厌烦、拒绝接受宣传内容 影响社区美观、不利于环境卫生	接受宣传单 便于居民接触信息，留下独特的印象

第三章

策划方案：社群营销开展的战略图

第一节 深入调查，审视营销靶心

没有调查，就没有发言权。一次成功的社群营销，必定有大量细致的市场调研进行支持。只有对目标社区进行信息收集，了解社区的具体市场环境，策划有针对性的营销方案，才能够一矢中的，成功打响社群营销战。

营销活动的对象

营销活动的对象，就是所有对活动产品有需求的人。对社群营销活动对象的调查，就是为了确定该社区的市场容量，确定该社区的人流量。人流量是最终客流的基础，没有足够多的人流则一定不可能有充足的客流。

某商家为了向市场推广运动饮料，决定开展社群营销，为了保证销量，营销人员通过调查，选择了一个人口数量众多的社区作为活动开展地点。尽管营销人员提供了诱人的促销方案，也准备了丰富的现场表演，但在活动当天还是鲜有人问津。

原来，该社区是当地最早建成的社区之一，虽然人口众多，但是多为退休职工和老年人，是一个典型的老龄化社区。对于该社区的绝大多数居民来说，运动饮料根本不合他们口味，他们也完全不需要，自然不会去关注了。

该商家的营销人员犯的最大错误就是将人流与客流画上了等号，经营者只注意了社区的居民总数，却没有考虑到社区的年龄构成，没有去调查真正需要运动饮料的居民有多少，出现了最基本的市场定位错误。

企业和商家要根据产品的市场定位确定营销活动的对象，然后再对社区展开调查。面向老年人的产品就调查社区内老年人和他们的子女的人数，面向儿童的产品就调查社区内儿童和他们父母的人数，对于没有明确的市场定位，老少皆宜的产品，就调查社区内的所有成员的人数。以此来确定各个社区的营销活动对象的具体人数，最终进行社区选择。

运动
饮料
人流量≠客流量

哪些才是感兴趣的消费者

兴趣对消费者的购买决策和行为有着重要的影响，从感兴趣的消费者着手，有利于活动的快速铺开。

首先，面对感兴趣的消费者，营销人员能够有效缩短消费者的决策过程，使销售更简单更顺畅，更容易达成交易目的。其次，感兴趣的消费者会长期使用或重复购买某种产品，并会逐渐发展成为一种个人偏好与习惯，甚至会影响到家人、朋友，这更有利于企业和商家将品牌形象扎根在消费者心中，培养消费者的忠诚度。

一个社区内对产品感兴趣的居民越多，就意味着客流越多，开展营销活动取得的效果自然也就越好。所以，营销人员在开展社区调查时，要找出对产品和活动感兴趣的消费者，竭力吸引他们参与营销活动。

如何确定哪些是感兴趣的消费者呢？对于客户群定位较明确的产品，可以采用传统的经验判断法，直接通过目标客户群体来寻找感兴趣的消费者。对于客户群定位不明确的产品，则要通过与社区居民深入沟通来确定感兴趣的消费者。对产品感兴趣的消费者，在听过你的介绍后，会主动询问产品的相关信息，功能、价格、品质等，这就是消费者感兴趣的积极信号，消费者问得越详细，就代表他的兴趣越大。面对这类消费者，营销人员就要“投其所好”，吊足他们的胃口，进一步激发他们的兴趣。

营销人员要边调查边记录，统计出感兴趣的消费者人数，这可以帮助企业和商家确定活动的规模。最好能够取得感兴趣的消费者的姓名、住址和手机号码，在活动当天，可以发短信、打电话或是登门拜访，提醒他们来参加活动。

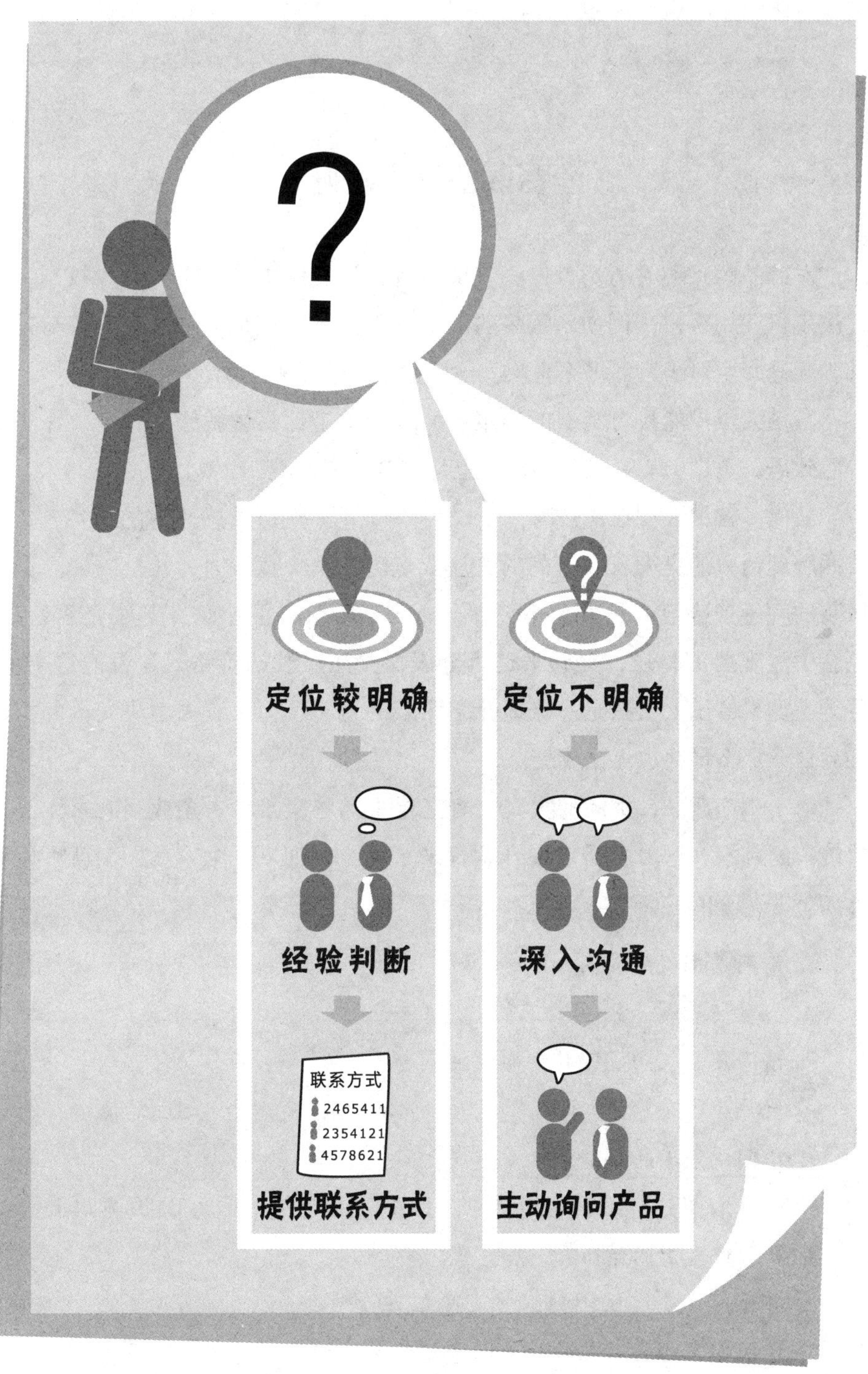
定位较明确
经验判断
联系方式
2465411
2354121
4578621
提供联系方式
定位不明确
深入沟通
主动询问产品

消费的决策者在哪里

对产品感兴趣的消费者未必是决策者，消费的决策者是有购买权利，最终决定付钱的客户。例如，童装的消费者是儿童，但是消费的决策者却是家长，无论儿童对于产品多么喜欢，他们也没有能力独立购买。

营销人员没能找对消费的决策者，就像射击比赛中找错了靶子，任凭你专心致志，正中靶心，最终的成绩也是零分。

所以，营销人员在销售时，不仅要“讨好”对产品感兴趣的消费者，也要照顾到消费的决策者对产品的关注要点。在销售童装时，儿童的关注点是服装的颜色、造型或是某个小装饰，而家长不仅关注小孩穿起来是否好看，还会关注服装的材质，穿起来是否舒服，关注服装的价格，是否值这个价，等等。如果营销人员只是一味地介绍服装的造型，而没有去解决父母的担忧和异议，那么最终也无法成交。

对于一些产品，不同的家庭会有完全不同的决策者，企业和商家无法做出统一的判断，这时就需要展开调查来了解。例如，一个家具厂商就可以设计如下的调查问卷。

1. 请问您家里的最高收入者是？

A. 男主人　　B. 女主人　　C. 子女

2. 请问您家在购置家具方面的决策者是谁？

A. 丈夫　　B. 妻子　　C. 共同决定　　D. 其他

3. 请问决策者的年龄介于多少岁之间？

A. 20～30 岁　　B. 30～40 岁　　C. 40～50 岁　　D. 50 岁以上

4. 请问决策者的学历？

A. 本科　　B. 大专　　C. 高中　　D. 其他

5. 请问您家购置家具时最关注什么？

营销人员在销售时，不仅要“讨好”对产品感兴趣的消费者，也要照顾到消费的决策者对产品的关注要点。

A. 造型　　B. 品牌　　C. 价格　　D. 其他

……

企业和商家可以根据经营的产品类别，社群营销中的具体产品来设计调整调查问卷的内容，使之符合自身的需要。

营销活动想要达成的效果

任何营销活动在策划时和开展前，都要有一个既定的目标。明确的目标，是制定具体有效的活动方案的依据，是发现问题，进行修正的指向标。没有明确的目标，营销人员就没有前进的方向和动力，活动结果往往会低于管理者的心理预期。

营销活动的目标，要结合企业和商家自身的销售目标和业绩需求，要有一个硬性的指标，让营销人员为之去奋斗，避免活动目标制定得太低，使营销人员出现思想懈怠。但是，开展营销活动，也不能为了销售额，为了产品的市场影响力就盲目地制定不切实际的目标，还需要尊重客观的市场环境。

目标社区的市场容量，同时期的产品销售额，过去开展同等规模营销活动的销售额，都是制定活动目标时要参考的数据。假如一个社区有 1000 家住户，而企业在制定活动目标时却要求卖出 1500 个电吹风，这显然是不切实际的。通常一个家庭只会购买一个电吹风，即使达成 100% 的销售率，也完全不可能达成既定目标。

为了保证活动目标制定的科学性，就需要有高准确率的市场调研数据作为支持。在安排营销人员进入社区开展调查时，一定要有明确的分工，有严格的调查区域和调查顺序，避免统计遗漏、统计重复，这样才能保证市场调研结果的准确性。有了市场调研数据，各主要领导人和负责人要集中开展会议讨论，综合各方面的意见建议来制定活动目标，避免决策的主观性。

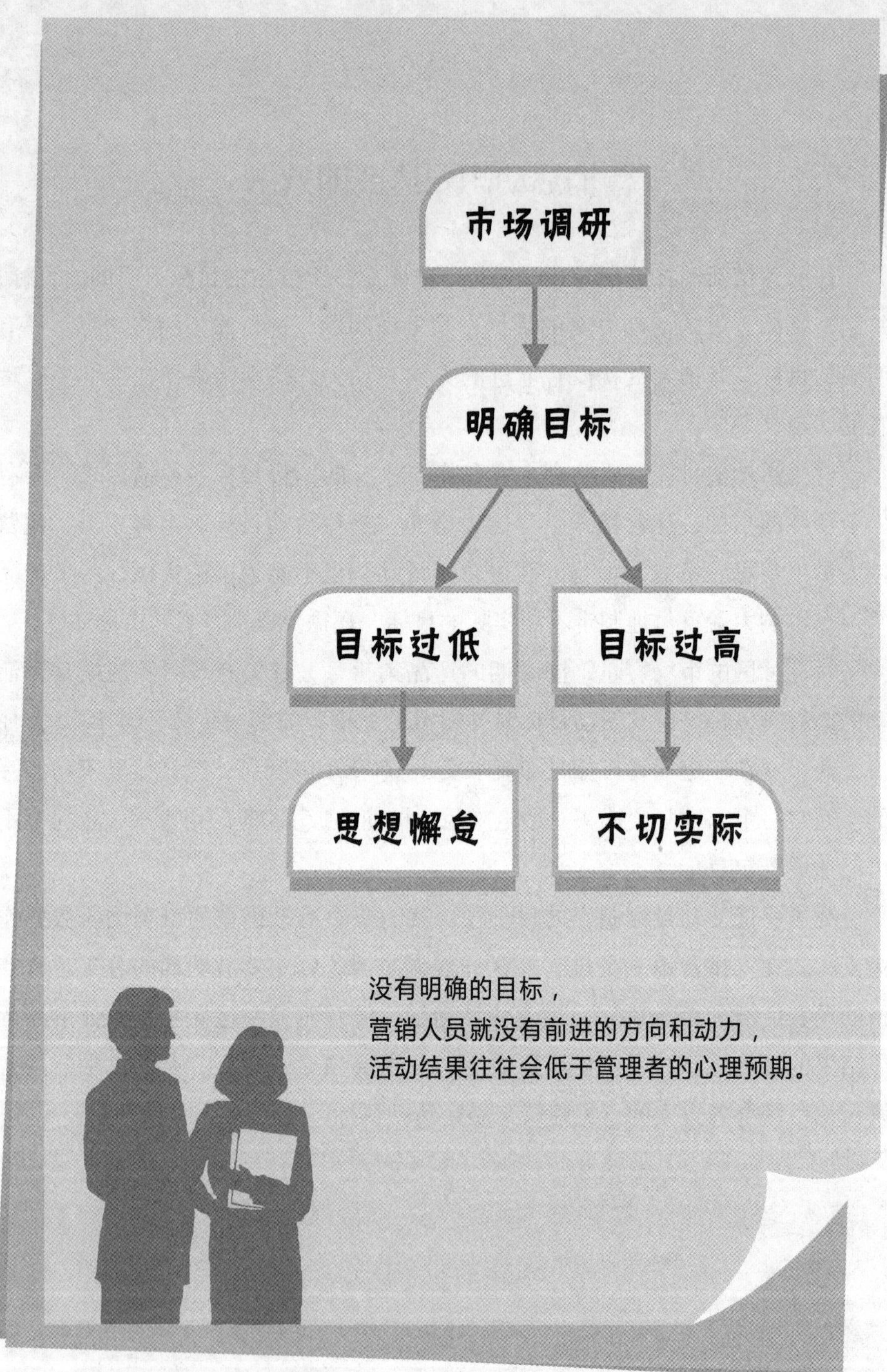
市场调研
明确目标
目标过低
目标过高
思想懈怠
不切实际
没有明确的目标，
营销人员就没有前进的方向和动力，
活动结果往往会低于管理者的心理预期。

营销活动参加的幅度

营销活动参加的幅度，就是活动本身所能达到的最大辐射程度。社群营销虽然是在社区内开展，但是参与的消费者未必仅限于该社区的居民，周边小区的居民也有可能闻讯赶来，参与活动。尤其对于开放式的社区，在广场上开展活动，社区周边的居民，路过的行人，都有可能受到现场气氛的影响而去“一探究竟”。

范女士新开了一家小零售店，由于刚开张没名气，三个月以来店铺营业额一直不温不火。范女士决定在附近的一个小社区试探性地开展营销，在提升当月销售额的同时顺便为店铺做一下宣传。范女士通过一些调查，确定了该社区的大致人口，并据此确定了活动规模，活动当天需要准备商品的数量等。

活动一开始，就吸引了大量居民围观，而且活动推广的都是些价格便宜的食品、饮料和常用消费品，因此成交率很高。看到这种情况，范女士喜出望外，但是，她很快发现，周边的居民有很多也来到了活动现场，这大大出乎了她的预料，活动现场变得异常拥挤，而且促销商品也逐渐见底，只能眼睁睁地看着一些意向消费者不欢而散。

虽然范女士的社群营销取得了不错的成效，但如果当初她能考虑到活动的辐射范围，对社区周边的住户也展开一些调查，扩大活动的规模，那么就能取得更佳的成果了。

营销人员在开展社区调查时，不要只局限于社区内部，周边的居民，附近的小商小贩，都是应该进行调查的对象。只有保证了充分的调查范围，才能确定适当的活动规模，从而使营销活动达到最大的辐射程度。

不好意思，
活动商品已售完。

XX 产品促销活动

营销人员在开展社区调查时，不要只局限于社区内部，
周边的居民、附近的小商小贩，都是应该进行调查的对象。

营销活动的效能保障

营销活动的效能就是活动开展的有效性，活动的参与人数，积极程度有没有达到最初的计划。在营销中，总会存在一些外在因素影响营销活动的效果，例如，如果活动当天刮大风，或是下雨下雪，不仅会带来工作不便，也不会有太多消费者来参与，所以，营销活动务必要避开恶劣天气。

除去天气这种显而易见的客观因素，在社区里，也会存在一些潜在因素，影响营销活动的效果，需要营销人员去观察，去发现。

有一家企业，通过长时间的调查走访，决定在当地一个大型社区开展社群营销，企业上下忙忙碌碌地筹备了一周的时间，自认为万无一失。

到了活动当天，一大早营销人员就将活动中的各类宣传品、产品等陆续运到社区，但到社区一看，所有人都傻眼了，原来这一天恰好是该社区一年一度开展运动会的日子。营销经理大呼“没有想到”，无奈只得硬着头皮上，最终的结果可想而知，社区绝大多数居民都去参加了运动会，来到营销活动现场的人寥寥无几。

社区内举办大型活动对营销活动造成重大影响，这并非是难以想到的问题。该企业的疏漏还是由于考虑不周，只关注了自身，而忽略了外在因素的影响，如果企业在活动前能多留个心眼，多问一句，将活动提前或延后一天，就能够轻松避开社区运动会这一大“威胁”。

社区开展的各类传统活动，竞争对手开展的社群营销等，都会对企业和商家的营销活动效能造成严重冲击。营销人员在对社区的调查走访中，要尽可能地多做一些深入探索，多与社区保安、居民进行深入交流，获取相关信息，避开一些显而易见的威胁因素，保障营销活动的效能。

营销效能

客观因素

潜在因素

恶劣天气

传统活动

竞争对手

营销人员在对社区的调查走访中，
要尽可能地多做一些深入探索，
多与社区保安、居民进行深入交流，
获取相关信息，
避开一些显而易见的威胁因素，
保障营销活动的效能。

第二节 量体裁衣，确定活动对象

在对市场进行深入调查之后，企业和商家就要分析调查数据，结合营销目标，确定活动的具体对象。营销活动的对象不仅仅是指消费者类别，活动的地域、时间、形式、产品等，一切和社群营销有关的要素都是活动对象，都需要根据市场进行确定。

社区的选择

既然是社群营销，社区的选择自然是首要的。只有选对了社区，企业和商家才能尽可能多地接触到目标消费群，才能从根本上保证营销效果。对于社区的选择，不仅要清楚产品的特点，还要清楚不同社区类型的特点，这样才能找到两者间的契合点。

一般，城市中的社区类型分为以下几种。

1. 商品房社区

商品房是由房地产开发商统一设计建造后，作为商品向大众出售的建筑，通常是作为居民住宅，这是目前城市中最为常见的、数量最多、分布最广的社区类型。

商品房没有固定的标准和针对人群，所以商品房社区之间层次不一，差别是很大的。但是，商品房本身也需要营销，企业和商家可以根据不同商品房的宣传语所针对的人群，根据商品房的价位来判断该社区的档次，以及社区住户的年龄层、消费能力等基本信息。

2. 集资房社区

集资房多为国有企业、医院、学校、银行、政府建设的楼盘，主要为了解决职工的住宿问题。

集资房社区住户绝大多数是同一家企业的职工，他们不仅共同生活，还共同工作，相互之间比较熟悉，信息容易传播，易树立口碑。而且，根据集资房的所属单位，还能得知住户的工作、大致收入等信息，更有利于活动策划。

3. 经济适用房社区

经济适用房是由政府牵头，联合房地产开发企业或者集资建房单位建造的，在某些地区也称为社会保障住房。

只有选对了社区，
企业和商家才能尽可能多地接触到目标消费群，
才能从根本上保证营销效果。

经济适用房由政府限定建筑标准和价格，并只能由特定的低收入人群购买，他们消费能力有限，在消费时往往更加谨慎。

4. 别墅区

别墅区的定位也十分明确，主要是城市中的高收入人群。他们不仅有极强的消费能力，也有相对富余的时间，同时，他们更看重品牌，注重产品的档次。

产品结构的选择

产品结构，是指一个企业中生产的各类产品之间的比例关系。而社群营销中产品结构的选择，就是根据不同的社区选择相应的产品组合。

1. 产品结构的选择要针对社区的档次和社区居民的消费能力

如对以高档社区、别墅区，就要以高端产品、特色产品作为主打，少量搭配低端产品。而对以低档社区、经济适用房社区，就要以低端产品、高性价比产品作为主打，少量搭配在居民经济承受范围内的高端产品。

2. 产品结构的选择要针对社区居民的知识水平

如对以高级知识分子为主的社区，就要以有文化气质和艺术气质的产品为主打，少量搭配实用产品。而对以普通工薪阶层为主的社区，就要以生活中常用的、实用的、物美价廉的产品为主打，少量搭配符合大众审美的精神文化产品。

3. 产品结构的选择要针对社区居民的消费观念

如对以年轻人为主的新兴社区，就要以最新研发的、最新流行的高科技产品作为主打，年轻人喜欢追求创新，乐于尝试，不愿去理睬已经“滥大街”的产品。而对以老年人为主的传统社区，就要以已经普及化的，消费者普遍认可的产品作为主打，老年人们通常不会主动尝试新产品，他们更注重产品的稳定性与可靠性。

产品结构的合理化，是为社群营销活动方案找准一个大方向，是为活动具体产品的选择明确一个标准，为活动具体产品的选择提供依据。

1 针对社区的档次和社区居民的消费能力

2 针对社区居民的知识水平

3 针对社区居民的消费观念

产品结构的选择

活动时间的选择

社群营销活动的时间很短暂，可供选择的时间也极其有限，但在这有限的选项里，更要根据不同社区居民的生活习惯，进行精准的选择，避免时机的浪费。

例如，事业单位职工居住的社区，居民大多遵循着早九晚五，每周双休的工作时刻表，晚上和周末就是开展活动的机会。而在一些生产型企业的工薪阶层，通常会“三班倒”，节假日也常常有职工加班，几乎没有一个能让全体居民都接触到活动的时间段，在这类社区开展营销，可以将周期拉长，尽可能让更多的居民参与进来。而高档社区和别墅区，虽然成功人士有着相对闲暇的时间，但却没有相对固定的时间段，针对这类社区，可以选择周末开展活动，或者根据事先对社区居民作息时间的调查结果来确定活动时间。

活动时间的选择要尽量避开假期较长的节日，例如“五一”、“十一”期间，有许多人都会选择带着家人出门旅游，可能一整个假期都不在家中，这时开展社群营销显然取得不了好的效果。如果一定要选择在小长假开展社群营销，也最好选择假期最后一天，这时的居民大多都已经旅行归来了。

此外，每次活动的持续时间要尽可能简短，上午或下午开展的活动，要在午餐或晚餐时间开始前一个小时结束，晚上开展的活动，则要在九点前结束，务必不要影响居民的正常生活习惯。

活动的持续时间要
尽可能简短
要尽量避开假期
较长的节日
根据不同社区居民的生活习惯，
进行精准的选择，
避免时机的浪费

活动形式的选择

营销活动的形式多种多样，从现场宣传到现场互动，再到促销方式，每一个环节企业和商家都有许多选项，具体作何选择，还是要根据目标社区和目标消费者的特点来确定。

1. 现场宣传

对于以中老年人为主的传统社区，居民比较喜欢热闹，容易受到广告的影响，营销人员在现场宣传时，可以通过广播，派发宣传单等手段进行宣传，尽可能营造出现场的热烈氛围，宣传用语要简单直白，符合中老年人的日常用语习惯。对于以年轻人为主的新兴社区，居民更希望有自己的独立空间，对于营销人员的大声宣传往往会十分反感，针对这类人群可以选择在现场布置大型展架、横幅，广播宣传时语气要平和轻柔，用语要书面化，再配合一些轻音乐一同播放。

2. 现场互动

对于文化水平较低的社区，居民大多喜欢一些通俗化的、大众化的娱乐形式，可以在现场开展舞台表演，演唱一些居民耳熟能详的经典歌曲。对于文化水平较高的社区，居民大多有一些高雅的兴趣爱好，现场可以开展书法比赛、绘画比赛、象棋比赛等，吸引高水平人士的参与。

3. 促销方式

对于居民消费能力较低的社区，打折促销、买一赠一、购物抽奖等促销方式都能吸引社区居民的眼球，刺激他们的购买欲望。而对于居民消费能力很高的社区，这些传统的促销手段就不是那么有效了，居民消费更理性化，更注重产品本身的品质，针对这种情况，企业和商家可以提供一定时间内无条件包退包换的承诺，或是筹备一些在市场上买不到的非卖品作为赠品，满足居民的心理需求。

现场宣传
现场互动
促销方式

活动产品的选择

针对不同的社区，只有选择适合的产品才有可能取得成功。开展社群营销，是为了让社区居民购买产品，或是通过活动让社区居民对产品产生兴趣，从而能在后续跟进中成功销售。而产品只有在消费者的承受范围之内，只有消费者对产品有实实在在的需求，他们才有可能去购买。否则，再好的产品也不可能卖出去。

比如，在成功人士聚居的别墅区或高档社区进行高档轿车的社群营销无疑是十分有效的套路，但是如果在经济适用房社区进行营销，则多半会演变成一场花钱买热闹的闹剧，甚至连热闹都买不到。

再比如，在一天三顿在家吃饭的企事业工作人员居住的小区开展调味料营销活动，会有立竿见影的效果，但是如果在一个月做不了几次饭的白领聚居的公寓开展这样的活动，多半是白费功夫。

活动产品的选择，除了产品的受众群体，还要考虑到产品的类别。产品的种类要尽可能丰富，同类产品只选择少数几种最具特色的产品，尽可能避免活动产品的同质化。在符合社区居民消费能力的前提下，将产品的价格区间再划分为几个档次，每个价格区间都至少选择一种代表产品，让社区居民都能找到符合自己价格期望值的产品。

企业和商家可以选择一种最具销售潜力的产品作为活动的主打产品，围绕该产品展开现场宣传及促销，吸引社区居民的注意力。

选择适合的产品
种类要丰富、有特色
区分价格，划分档次
选择一种代表产品
现场宣传及促销

充分的市场调研和周密的活动策划是社群营销正确方向性的保障，而严格的组织实施则是活动有效开展的保证，使营销活动的开展能够如计划一样。如果没有严格组织活动实施，营销计划只会成为美好的愿望，而无法变为丰满的现实。

物料准备

任何营销活动都离不开物料的支持，宣传推广也好，现场互动活动也好，如果没有相应的物料，就根本无法开展。物料准备的充分程度，直接影响着营销活动的丰富程度。

一般，社群营销的物料准备涉及以下几种。

1. 产品展架

产品展架以简易展架为主，方便拆装和运输，可以专门设计制作，也可以直接采用企业统一的产品展架。

2. 产品

在活动现场摆放产品样品，让消费者直接观摩或是体验试用，能够让消费者获取更真切的产品信息、功能，是开展体验式营销的必备物料。对于一些需要在活动现场大量销售的产品，充足的产品备货也是防止销售断档，实现良好促销业绩的保证。

3. 帐篷、太阳伞

帐篷和太阳伞不仅能让活动现场更加醒目，同时也是活动氛围营造的元素之一。帐篷和太阳伞也是区分营销活动的“前台”和“后台”的工具，在一定程度上维持了现场的秩序。

4. 简易桌椅

桌椅也是活动必不可少的物料之一，提供产品和各类宣传物品的摆放区域，给营销人员或参与活动的消费者提供休息场所。活动应当选择简易的折叠式桌椅，方便搬运。

5. 电脑

电脑可以丰富现场的宣传形式，以图像和声音的结合吸引消费者的目光。同时，使用电脑可以更方便地记录客户信息，记录现场的销售状况。

物料
准备
简易桌椅
帐篷、太阳伞
产品
产品展架
宣传单
赠品、礼品
宣传资料
电脑

6. 宣传资料

企业的荣誉证书，产品的检测报告，经典的客户案例，产品目前的销售纪录等，都可以作为现场的宣传资料，展示企业的实力和产品的可靠性，打消现场消费者对质量的担忧。

7. 宣传单

宣传单是重要的宣传工具之一，离活动现场较远的消费者，在现场排队的消费者，都可以向其派发宣传单，让他们对企业和产品有一个初步了解。

8. 赠品、礼品

通过赠品和礼品吸引消费者到活动现场，方法虽然老套，却是提高消费者参与度的有效方式。

进度控制

社群营销中，时机的选择和把握尤其重要。如果企业和商家发掘出了正确的时机，却因为活动组织实施中的某项环节的延迟而耽误了“最佳战机”，最坏的情况，可能会导致营销活动“全盘皆输”。

社群营销的负责人，要对活动各环节的进度都有详细明确的把握，进行严格控制，保证营销活动按照计划表准时准点地开展。

活动进度控制表

工作项目	部　门	负责人	开始日期	完成日期	备　注
市场调研	市场部	李××	2014－3－1	2014－3－7	进度完成
方案拟订	策划部	张××	2014－3－7	2014－3－10	进度完成
工作分配	人事部	陈××	2014－3－10	2014－3－11	进度完成
人员培训	人事部	陈××	2014－3－11	2014－3－14	进度正常
赠品采购	采购部	周××	2014－3－10	2014－3－13	进度正常
海报制作	策划部	张××	2014－3－10	2014－3－15	进度落后
进度跟催	总经理办公室	刘××	—	—	—
现场布置	市场部	李××	—	—	—
结果汇报	市场部	李××	—	—	—

如上表，社群营销负责人可以根据营销活动的具体内容制定专门的活动进度控制表，保证进度控制的工作不出现差错和疏漏。

活动的每一项具体工作，都要明确负责人和时间期限。在工作任务布置下去之后，负责人可以根据不同工作的不同时间长度，将其分为3～4个固定的时段，每到一个时段，就找该工作环节的负责人了解目前的工作进度。进

活动的每一项具体工作，都要明确负责人和时间期限。

度超前时，予以鼓励和表示，让其在保证现有速度的前提下进一步提高质量。进度正常时，督促其提高效率，留出余裕，防止意外状况造成进度失常。进度落后时，详细询问，协助负责人共同找出进度落后的原因，迅速提出解决方案，提高工作效率，赶上正常进度。

人员分工

任何营销活动都必须有人员来执行，合理的人员分工是营销活动有序运行的保障。

人员分工要遵循两大原则：一是必须面面俱到，保证所有活动环节都有专人执行；二是让正确的人做正确的事，保证员工进行最适合、最擅长的工作。

某企业营销经理在一次社群营销开始前，没有提前做好活动的人员分工，在活动前一天才根据以往的工作经验草草地决定了活动当天的工作分配。在活动开始后，果不其然出现了诸多问题。宣传人员过多，而负责接待客户的人员过少，虽然引导了很多的社区居民来参与活动，却要排着长长的队伍。没有专人负责和排队等待的客户宣传、互动，以此来缓解客户等待的急躁情绪。负责产品销售的人员太少，现场人流量很大，但成交量较少。

虽然该营销经理很快发现了问题，也在现场提出了对策，但是人员岗位的调整、人员对新岗位工作的适应耽搁了许多时间，造成了客户的大量流失。

人员分工不当是该企业营销经理在此次活动中最大的失误，他没有仔细研究执行方案，而是简单地用经验主义完成了人员分工，导致出现许多问题。虽然他及时发现了问题也做出了补救措施，但是对于短暂的社群营销活动来说，一丁点时间的流失和浪费都会导致最终的不良结果。

人员分工既要有固定性，也要有临时性，活动当天的实际情况未必会和计划中一样，所以，在分工时，也要准备好“后备队员”和“游击队员”，当某个活动环节开展不力时及时进行支援。

人员分工两大原则
面面俱到专人执行
让正确的人做正确的事
有固定性也要有临时性
准备好“后备队员”和“游击队员”

第四节 规范员工形象

再好的社群营销方案，如果没有合适的、专业的人员去落实执行，那么也会成为一纸空文。社群营销比起其他的营销活动和营销渠道，对服务的要求要更高，所以，规范员工形象，提高参与活动的员工的综合素质，对于社群营销的开展十分重要。

服装、语言等方面应该统一、规范

活动执行人员的服装，宣传、引导、接待的话术，都应该统一、规范，这样不仅更有整体感，更容易吸引社区居民的目光，也能展现出企业和商家正规、专业的形象。

一家面对青少年的休闲服装店在开展社群营销时，为了迎合青少年不拘一格、追求新潮的心态，而让营销人员自由发挥，搭配五颜六色、风格各异的服装，用以吸引青少年的目光。但是结果却让经营者大失所望，虽然吸引了一部分青少年前来参与，但是人数极其有限，活动现场也始终没能热闹起来，在冷冷清清中结束了。

这家服装店的失败在于草率估计了青少年的心态，青少年追求不拘一格的产品，但是不代表他们希望看到不拘一格的营销人员，青少年追求新潮，但是同样也关注品牌和质量，营销人员过于杂乱的服装让他们对商家、对产品产生不信任感，认为这些服装是进行促销处理的“地摊货”。

另外，社群营销面向的人群是整个社区的居民，而不仅仅是产品的消费者。面向青少年的服装，未必只有青少年会来购买，他们的父母也有可能会来看一看有没有好产品，买一件送给孩子。而面对这些长辈，营销人员的“奇装异服”，不统一的营销话术，就起不到吸引他们的目的，反而会使他们产生反感，认为活动中销售的服装都是这些“奇葩”的风格，认为营销人员不专业，商家不正规，导致他们打消浏览、购买的意愿。

统一规范的服装和语言，不仅是对客户做出的一种承诺，是营造活动现场气氛的一种方式，而且也能够对员工做出暗示，提醒他们工作要专注，服务要专业。

活动执行人员的服装，宣传、引导、接待的话术，都应该统一、规范，这样不仅更有整体感，更容易吸引社区居民的目光，也能展现出企业和商家正规、专业的形象。

对员工进行全方位培训

员工的内在品质也是员工形象的重要表现之一，因此，企业和商家要对每一位参与营销活动的员工都进行全方位培训。

对营销人员的培训，主要包含两大主要内容：心态和技能。

每一位营销人员都要自信、热情，都要有百折不挠的精神，这是营销人员的基本心理素质。营销人员先自信，才能让客户愿意去相信企业和产品；营销人员有热情，才能感染消费者。忙碌的现场执行，客户的拒绝，会让每一位营销人员都产生强烈的挫败感，面对挫折，如何笑脸相对，继续保持自信与热情，是保证执行效果，博得客户好感的关键。

不仅如此，营销人员还要有专业的知识，有过硬的业务素质，才能真正赢得客户的信任。

在某企业社群营销活动现场出现了这样一幕。

“小姐，请问为何这台洗衣机比那一台贵那么多？”一位主妇问。

“因为这一台更好。”销售人员回答道。

“这个我清楚，可我想知道它究竟好在哪里，具体有什么优点。”客户追问道。

“嗯……这个我不清楚，我只是负责卖的。”

请问，这位主妇最后会购买洗衣机吗？肯定不会，因为销售人员太不专业，她自己都不知道产品的优点是什么，这样的产品和企业根本不能让人放心。

所以，无论是宣传人员还是销售人员，首先都要成为“产品专家”，对产品的功能和优点，对不同产品间的细微差别，都要能说得头头是道。

全面专业的产品知识也有利于营销人员准备充分的应对话术来化解客户

嗯……这个我不清楚，我只是负责卖的。
这台好在哪儿?
无论是宣传人员还是销售人员，首先都要成为“产品专家”，对产品的功能和优点、对不同产品间的细微差别，都要能说得头头是道。

的异议，如果对产品只是一知半解，知其然而不知其所以然，很容易就会被客户“纠缠不休”的提问给问倒。营销人员如果让客户取得了“舌尖”上的胜利，那便只能无奈吞下活动失败的苦果了。

提前对员工进行模拟演练

培训只是对员工单方面的知识、技能传授，企业和商家无法把握培训的效果和员工的学习成果，从而不利于对营销活动的整体把握。

俗话说，眼高手低。员工可能在培训中觉得学习的知识、技能很简单，甚至是很无聊，感觉自己早已得心应手，融会贯通了，但是等实际去执行的时候却发现许多情况和自己设想的不一样，难免手忙脚乱，惊慌失措。

而解决上述问题，最好的方法就是在培训结束后，活动正式开展前，对员工进行模拟演练，检验他们的学习成果，发现问题和不足后再次开展强化训练。

对于模拟演练，一定要严肃对待，不能当做“儿戏”。有些员工，认为模拟演练只是形式上的“作秀”，从主观上就不认真对待。还有些员工，在模拟演练中面对“自己人”时，总是严肃不起来，感觉不好意思，说起话来扭扭捏捏，培训的成果完全没能展现。如果只是期待员工能在正式活动中有好的表现就听之任之，那么结果多半会不尽如人意，就如同在模拟考试中没有取得好成绩而期待在正式考试中超常发挥一样。

在军事演习中，如果士兵们没能严格按照训练的要求来执行，那么就有可能会面临受伤甚至是死亡的威胁，这种威胁是提高士兵们专注力和警觉度的必要因素，让士兵们能用应对实战一样的态度应对演习。企业和商家在对员工进行模拟演练时，也可以引入必要的“威胁因素”来让员工保持严肃的态度。例如，在模拟演练中，派专人观察员工的表现，根据标准对员工进行打分，没有达到及格分数的员工就要接受一定的惩罚，当然，惩罚措施不需要太重，目的只是督促员工对模拟演练认真对待。

不好意思……
产品出现这种问题，
你们必须要给个说法。
对于模拟演练，一定要严肃对待，不能当做“儿戏”。

第五节

社群营销中说服消费者的技巧

营销活动现场再火爆，消费者的参与度再高，如果都不愿意掏钱购买，对企业和商家来说依然是失败。消费者出于对自身利益的保护，总会在没有完全了解产品之前就习惯性拒绝；而作为销售人员，如何通过营销话术打动消费者，让他们心甘情愿地购买产品是必备的技能。

了解消费者的需求

想要在社群营销中说服消费者，就要做到“知己知彼”。营销人员要对营销活动的各个产品的特点、价格、定位等了如指掌，知道每种产品能够提供给消费者哪些东西，这就是所谓的“知己”；而“知彼”就是要了解消费者的真正需求，弄清楚他想要什么，然后再结合自己的产品知识，满足他的需求。

了解消费者的需求要多听，让消费者提供尽可能多的信息，从言语中挖掘消费者的真正需求。

余小姐是一家手表店的销售人员，在一次社群营销活动中，一位年轻女士来现场参观产品，余小姐迅速上前做出产品推荐：“您看这款怎么样，既小巧又时髦，非常适合您这样的年轻女士佩戴。”客户没有回应，依旧在独自看着各式手表。余小姐凭经验察觉到这名女士可能不是给自己买手表，于是她没有继续做出推荐，而是暂时等待客户下一步的反应。过了一会儿，客户对余小姐说：“其实，我是想买个手表作为母亲的生日礼物。”听到这儿，余小姐明确了客户的真正需求，于是推荐道：“那您看这款，设计简约，不花哨，指针和刻度都很容易辨识，而且整体风格十分高档成熟，我们父母辈的人有很多都喜欢这款产品。”客户观摩了一会儿，回应说：“嗯，挺不错的，那就这款吧。”

余小姐成功销售的关键就在于发现了消费者的真实需求，而非漫无目的地去不停推销。很多销售人员总是主观地认为客户是为自己购买产品，滔滔不绝地推荐适合客户的产品，其结果可能会使客户产生抵触和厌烦心理，最后默不作声地离开。

所以，营销人员在做出简单的产品推荐后，发现客户不感兴趣，没有反应，那么可以适度等待，让客户说出自己的真正需求，然后再“对症下药”。如果客户自己不主动提出，营销人员可以试探性地提问，避免一味地推销。

营销人员在做出简单的产品推荐后，发现客户不感兴趣或没有反应，那么可以适度等待，让客户说出自己的真正需求，然后再“对症下药”。

提问比罗列产品的优点好

不要在尚未听取消费者的任何意见之前，就向消费者介绍“一箩筐”的产品优点。营销人员当然需要对产品有信心，要打从心眼儿里认为产品好，但是如果只靠模式化的优点罗列，就有“王婆卖瓜”的嫌疑。这样就会让消费者觉得你是在误导他，催促他买东西，他就会产生逆反心理，反而不容易达到成交目的。

一位主妇想要更换家中的抽油烟机，恰逢有厂商在社区内做活动，她便到现场看看有没有合适的产品。

“您好，请问您是要购买抽油烟机吗？”销售人员热情地打招呼。

“是，家里的机子太老旧了，抽油烟效果已经不好了。”主妇回应道。

“那您是希望选购一款吸力强大的抽油烟机吗？”

“当然，抽油烟的效果好才是最主要的。”

“那我给您推荐这一款，双排扇，吸油烟效果很好，是我们的热销产品。您对产品还有别的什么功能需求吗？”

“我听说现在的抽油烟机有一种全自动清理的功能，你们这款产品有吗？”

“不好意思，我们这款产品没有该功能。但是，您没看电视上的报道吗？自动清理的效果并不好，大多只是噱头，而且价格要贵上许多。而我们这款产品，采用全封闭设计，不需要拆卸后清洁，您只需定期用热的湿毛巾擦一下吸风口就可以了，十分方便。”

“嗯，看起来确实不错。那你们负责免费安装吗？”

“当然，我们有专业人员，现在就可以上门安装。”

通过这段销售沟通的对话，可以看出，营销人员整个销售沟通的过程中，边听边用探索性的口吻提问，以了解消费者的真实意图、真实看法之后，再

您好，请问您是要购买抽油烟机吗？
了解消费者真实意图
您看一下产品介绍，您只需定期用热的湿毛巾擦一下吸风口就可以了，十分方便。
引导消费者
我们会尽快安排专业人员上门安装。
推动消费者购买产品

根据产品特点和优势引导消费者，最终推动消费者购买产品。

此外，营销人员在推销的过程中，还要多用肯定的话。当消费者表示赞同时，营销人员应立刻表示肯定，相反，当消费者有异议，不要贸然地否定他的观点，通过讲道理、摆事实，以柔克刚，化解消费者的异议。

用对比使顾客也想“拥有”

比起空洞的产品介绍，营销人员可以通过对比的方法去激发顾客的想象力，更能让顾客感受产品的功能和优点，产生强烈的购买欲望。

对比法可以应用在产品与产品之间。例如，现在在市场上流通的大多数同类产品有什么致命缺陷，给顾客的使用带来了不便，如果你的产品能解决或是削弱这种不便，营销人员便可以以此做文章。通过自己产品的优势和市场上同类产品的劣势作对比，来凸显出产品最大的与众不同，让顾客想象新产品能为自己解决哪些问题，从而产生购买欲望。

除了同类产品之间的对比，营销人员也可以通过拥有该产品前与拥有该产品后顾客生活的变化来进行对比，来表现产品给顾客提供的实实在在的有用性。

例如，如果要销售跑步机的话，你可以这样说：“当您早上起床，穿上运动鞋和休闲装，打开窗户，深呼吸一口新鲜的空气，明媚的阳光照在身上，然后您踏上跑步机，轻松舒畅地开始跑步。您再也不用忍受外出跑步时那拥挤的人潮，不用再呼吸混杂着汽车尾气的空气，不用再时刻注意着跑步的时间和距离，在家里，您可以随时跑，随时停。”

这段营销话术，就是通过使用跑步机和外出跑步两种锻炼方式的对比，充分展现了跑步机的功能和优点，比起干巴巴的介绍，这种绘声绘色的描述更能让顾客感同身受，他们会想象着跑步机给他们带来怎样的方便和幸福，想象着拥有跑步机后的生活会发生哪些变化。做到了这些，销售就已经成功了一半。

比起空洞的产品介绍，营销人员可以通过对比的方法去激发顾客的想象力，更能让顾客感受产品的功能和优点，从而产生强烈的购买欲望。

用情感感染顾客

营销的至高境界是推销一种观念，而不是产品。一位优秀的营销人员，在与顾客的沟通过程中，能够完美地控制自己的情绪，让顾客感觉不到他是在推销，而是在为他服务，为他解决问题，强化顾客的情感感受，让他们感觉非买不可。

某品牌有机大米在开展社群营销时，营销人员在对顾客做销售工作时，对于有机大米的品质、味道、口感等只是进行简单的介绍，而将宣传重点放在了有机大米的营养价值，以及对人身体的具体益处，将食用有机大米与为家人塑造健康生活之间画上了等号，这就直接在客户心中提升了产品的特殊性。

“你们这大米为何价格那么高啊?”被活动吸引来的居民问道。

“我们这是有机大米，粒粒都是精筛细选的，不仅质量高，口感好，而且营养丰富。”营销人员答道。

“真有那么好？值这个价钱?”顾客将信将疑。

“当然，您可以看一看这卖相，而且我们的大米经过了相关部门检测，都是绝对符合标准的。现在生活都好了，不就图个健康嘛，而只有吃的健康了，您和您的家人才更健康，您说是不?”

“嗯，看着是不错，那我先买点尝尝吧。”

该品牌有机大米营销的成功之处在于，他们不是在卖有机大米，而是在卖一种健康的生活方式，这是打动顾客的关键。如今，顾客关注的不只是口味，更多的是健康，关注的不只是自己的健康，更多的是家人的健康。

所以，最优秀的营销，不是想着“我怎样才能让顾客买我的产品”，而是想着“我怎样才能让顾客接纳我所提倡的新观念，从而让他们自发地购买我的产品”。如果做到了这一点，营销人员会发现，说服顾客是那样的简单，甚至完全不需要去说服。

现在生活都好了，不就图个健康嘛，而只有吃的健康了，您和您的家人才更健康，您说是不？
嗯，看着是不错，那我先买点尝尝吧。
最优秀的营销，不是想着“我怎样才能让顾客买我的产品”，而是想着“我怎样才能让顾客接纳我所提倡的新观念，从而让他们自发地购买我的产品”。

第四章

挖掘机会：提升社群营销效果的关键点

第一节 寻找每一次活动的兴奋点

开展社群营销，仅仅去满足居民的基本需求是不够的，这样的执行标准也许能让活动取得还算不错的效果，但却无法使活动现场足够火爆。想要进一步提升社群营销效果，就要寻找活动中让居民兴奋的要素，调动居民的情绪。

流于表面的机会导致营销效果不佳

有这么一则营销故事：有一位销售员推销节能灯，他找到一位老大爷，问道："大爷，您家里用的灯是什么样的？"

"还能有什么样的，普通的白炽灯泡呗。"老大爷回答道。

"那您对灯泡的质量还满意吗？"销售员继续问道。

"不满意，灯光昏暗，而且又费电，我看孙子家用的节能灯挺好的，想换上节能灯。"

听到这，销售人员激动万分，第二天就拿来许多节能灯样品向老大爷推荐，但老大爷却连连摆手说不需要。销售人员纳闷了，问："您昨天不是说觉着节能灯挺好的，为什么现在又不愿意换了？"

"小伙子，我是说想换节能灯，但你没听我说完，我儿子就是卖灯的，过几天他就会来给我换节能灯了。"

这位节能灯销售员犯的错误，经常会出现在许多营销人员身上。他们在进行市场调研在与客户沟通时，只看到或听到了自己想要获取的信息。一旦从客户口中听到了关于销售的积极信号、有利信息，就会喜不自胜，认为天赐的良机来了，便急急忙忙地去准备，却没有进行进一步的追问，没有对客户的话进行更深入的思考研究，最后才发现实际情况并不像自己想象的那样美好。

社群营销也是一样，一些流于表面的市场机会，未必就是真正的良机。有些企业和商家，看到社区内缺乏某一类产品，听到居民有购买意愿，就认为是难得的机会，忙忙碌碌地准备了一套营销方案，最后却得知居民早已统一从别处订购了，辛苦准备的活动起不到任何效果。

所以，在获取市场机会的信息后，不要过于乐观，要从机会着手进行深度挖掘，找一找有没有影响该机会的因素，确定是真正的机会后再开展营销策划也不迟。

您昨天不是说觉着节能灯挺好的，
为什么现在又不愿意换了？
小伙子，我是说想换节能灯，
但你没听我说完，我儿子就是卖灯的，
过几天他就会来给我换节能灯了。
一些流于表面的市场机会，未必就是真正的良机。

从沟通和交流中发现兴奋点

长久以来，大把大把的营销活动都不外乎以“优惠”“惊爆价”作为噱头，消费者早已审美疲劳，看到商家促销，心里几乎都没有一丝颤动，甚至都已经把优惠促销价看作正常的商品售价了。

当红韩剧《来自星星的你》的热播，让炸鸡啤酒意外走红，一夜之间成了爆款美食。江苏电信营业厅就借助了这部电视剧的人气，推出了“爱她就送她炸鸡啤酒”的营销活动，即消费者只要购买三星手机，就为用户送上炸鸡和啤酒作为赠品。由于剧中的男女主角用的全是三星手机，所以这场营销活动不得不说设计得十分贴切。广大网友对此次活动纷纷点赞，都说这个活动很有创意。

炸鸡和啤酒，本身并不值钱，如果在平时，拿这些当赠品，估计消费者会不屑一顾。但是有了特定的事件和环境，炸鸡啤酒就有了不同的意义。炸鸡啤酒当然不是消费者买三星手机的原因，但是却为这场营销活动制作了兴奋点，提升了消费者的关注度，让活动更具创意。

在社群营销中，营销人员也要学会寻找并发现居民的兴奋点。兴奋点从哪里找？从居民的沟通和交流之中。社区居民现在最喜欢看什么电视剧，流行什么活动，这些就是最好的兴奋点来源。借助热播电视剧中的道具、台词、形象作为宣传工具，剧中主要人物爱用的小物件，可以拿来作为赠品。或者是举办社区流行活动的相关比赛项目，如一些社区的中老年人喜欢抖空竹，则可以举办抖空竹大赛吸引居民参与和注目。

借助社区居民兴奋点开展活动，要远比单一的优惠促销更接地气，更赶时髦，更容易调动居民参与活动的热情和现场气氛。

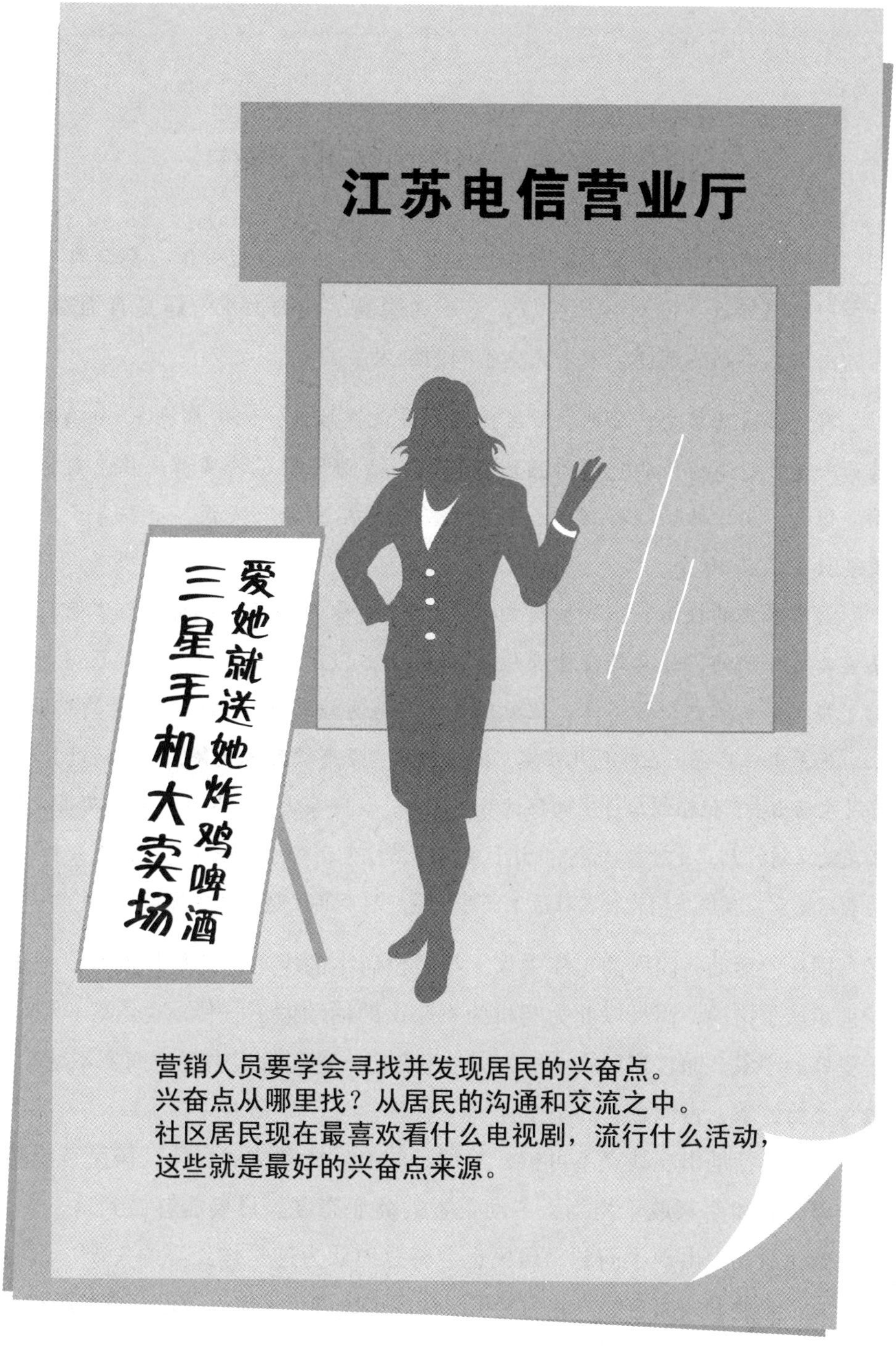
江苏电信营业厅
爱她就送她炸鸡啤酒
三星手机大卖场
营销人员要学会寻找并发现居民的兴奋点。
兴奋点从哪里找？从居民的沟通和交流之中。
社区居民现在最喜欢看什么电视剧，流行什么活动，
这些就是最好的兴奋点来源。

把每一种缺点当作由头进行操作

任何营销活动，都不可能完美无缺，都会有些缺点或失误，都会有一部分客户提出异议。面对客户异议，是竭力隐瞒，粉饰太平？还是直面对待，作为由头？不同的选择会带来完全不同的结果。

有两位商店店主，分别在社区内做鸡蛋促销活动，他们都将30个鸡蛋包装为一盒，以市场价的一半价格进行促销，活动吸引了许多社区住户前来抢购。但是，由于活动准备匆忙，在包装鸡蛋时难免会有失误，有些盒子中的鸡蛋数量不满30个。

面对客户的投诉，第一位店主心想，“不就少了一两个鸡蛋吗？本来就是便宜卖给你们的，还真是得寸进尺。”如果客户没有要求补偿，他就几句话敷衍了事，如果客户纠缠不休，他就勉为其难地再给客户送上缺少数量的鸡蛋。

而第二位店主，在接到几宗客户的投诉后，没有被动地等待，想着得过且过，而是主动出击，他组织店员主动拜访社区客户，说明事由，如果客户提出鸡蛋数量不足就立刻补上，并对客户说：“由于我们的工作失误给您带来了麻烦，万分抱歉，为表示歉意，我们店明天将在社区里额外开展一次商品促销，希望届时您能光临。”

同样的活动，同样的工作失误，第二位店主的应对显然更加明智。他坦诚地承认了错误，而且以此为契机为下一次的活动做了宣传，也给客户留下了更好的印象。而客户对第一位店主会怎么想？他们肯定会觉得商家不诚信，故意不给够数，占消费者的小便宜。

所以，活动出现缺点不可怕，关键是如何看待和应对，社区居民希望看到的是企业和商家敢于担当、主动负责的商业态度。只要能够做到这一点，即使营销活动中出现了问题，居民也会善意地认为这是你无心的失误，不会去深究，企业和商家也能以此为契机跟社区居民进行交流，拉近双方的距离。

由于我们的工作失误给您带来了麻烦，万分抱歉，为表示歉意，我们店明天将在社区里额外开展一次商品促销，希望届时您能光临。
对，鸡蛋确实不够数。
活动出现缺点不可怕，关键是如何看待和应对，社区居民希望看到的是企业和商家敢于担当、主动负责的商业态度。

第二节

服务突破，创造机会

现在，市场竞争越来越激烈，产品也趋于同质化。在营销活动中，仅仅依靠产品和价格已经很难赚足眼球了。想要同竞争对手区分开来，始终能够领先一步，在营销活动中就要从服务上寻求突破，才能够创造出更多的成交机会。

不要把目光只盯着新客户

企业和商家在开展营销活动时，往往会把大多数的精力放在发展新客户上，不断地开发新客户确实是保持并提高业绩和利润的重要方式，但是如果只盯着新客户而冷落了老客户，那就得不偿失了。

开发一个新客户要远比留住一个老客户的花费更大，据调查资料显示，新客户的期望值要普遍高于老客户，这就使得开发新客户不得不多次地拜访、解释、说服，花费大量时间不断谈判，也不能保证成功。而老客户对企业比较熟悉，对企业产品的品质和价格都有了一定程度的认可，只要能为他们提供良好的后续服务，后续的产品销售可以省去许多讨价还价的过程。一个营销人员能够同时为多个老客户提供服务，而开发一个新客户可能需要营销人员专注工作好几天才有可能成功，为了更多地开发新客户，势必要聘请更多的营销人员，消耗大量的时间，这对企业和商家来说是巨大的花费。

老韩是一家小型汽配店的店长，在当地从事汽配生意已有多年了。近年来，越来越多的大型汽配店进驻当地，大搞营销攻势，但老韩一直不为所动。周围的商家不解地问他："现在竞争那么激烈，你怎么不去开发新客户，不怕失去市场吗?"老韩憨厚地回答："照顾好老客户，市场自然而然就有了。一直以来，我想开发新客户时，就去请老客户介绍，然后我们再去拜访，对方的戒心就小多了，成交的概率也高了许多。"

服务老客户和开发新客户不是相互背离的，在营销活动中先联系服务老客户，请他们来帮忙宣传或是介绍熟人来参与活动，是一个更好的突破口，可以省去许多成本和时间上的花费。所以，对待老客户要像对待新客户一样热情，否则，辛辛苦苦开发了一个新客户却轻而易举地失去了十个老客户，无疑是巨大的损失。

我们是老李介绍过来的，
他说你们的产品服务各方面都很好。
对待老客户要像对待新客户一样热情，否则，辛辛苦苦开发了一个新客户却轻而易举地失去了十个老客户，无疑是巨大的损失。

避免出现客户歧视政策

无论客户年龄大小，衣着好坏，相貌美丑，金钱多少，应当一视同仁，不能以貌取人，更不能以财富多寡衡量人。客户对企业和商家贡献的利润有多少之别，但是每位客户都能够对品牌和口碑的树立作出贡献。

想象一下，你在一家小饭馆花五元钱吃了一碗蛋炒饭，在结账时，排在你前面的是一位刚吃了一顿五十元“豪华大餐”的顾客，他付完钱，店长满脸堆笑地说：“多谢惠顾!”并将顾客送出门。你心里一边想着这家店服务态度真不错，一边付了钱，但店主收钱后，冷若冰霜，一句话没有就转身做别的事了。请问，你以后还会在这家饭馆吃饭吗?

如果这位店主对所有顾客都同样冷冰冰的，人们最多认为店主人比较木讷，也不会太过介意，但是他却根据顾客消费的不同，态度冰火两重天，这只会引起人们的反感。

企业和商家可以根据客户消费额的不同制定不同的优惠政策，例如，消费更多的客户我们可以给他提供更多的折扣，赠送一些礼品等，这是正常的营销策略，消费者也都明白这个道理。但是，优惠政策可以不同，对客户的态度则必须相同。无论客户是买一件还是买十件，营销人员都要用同样热情的态度不厌其烦地解答客户的疑问，都要用同样甜美的笑容和礼貌的语言欢迎客户，恭送客户。

如果企业和商家对待消费少的客户也能提供超出他期待的优质服务，客户会对企业和商家更加敬佩，并向亲朋好友介绍某某品牌、某某公司的服务质量如何好。所以，服务好低消费客户，往往能够为企业和商家提供更强大的口碑力量。

为感谢广大客户
特制定优惠政策
满500元送高级保温杯一个
满200元送雨伞一把
满100元送毛巾一条

凡进店者，无论消费多少皆有礼品相送

企业和商家可以根据客户消费额的不同制定不同的优惠政策，优惠政策可以不同，对客户的态度则必须相同。

利用客户不满情绪，逐步蚕食其忠诚度

“敌人的敌人就是朋友”，如果客户对你的竞争对手的产品有所不满，那么这就是将其变为自己客户的绝佳机会。

企业和商家不可能总是第一时间占领市场，绝大多数时候是在和竞争对手的不断拉锯战中尽可能一点一滴地扩张自己的“势力范围”。如果发现目标社区早已被竞争对手占据，企业和商家要作何选择？要无奈地叹口气，感叹自己时运不济，然后放弃开展营销活动再去寻找下一个社区吗？不！轻易地放弃，总是奢望能找到全新的市场，到最后就会发现自己在市场中根本没有立足之地。

社区市场被竞争对手占据，并不代表就完全失去了希望。产品不可能十全十美，服务也不可能十全十美，不可能使所有客户都心满意足，这对任何企业和商家来说都是一样的。所以，营销人员要在同社区客户的沟通交流中发掘他们对竞争对手的不满，作为活动的切入点，竞争对手提供不了什么，我们就提供什么。

客户的不满情绪可能包括产品和服务两方面，但是产品的性能受多种因素影响，我们未必能够提供让客户更加满意的产品，所以，营销人员更多的要从客户对服务的不满着手，客户希望得到什么服务，在活动中我们就竭力满足，并且还要超出他们的原有期望，不断蚕食他们对原有品牌的忠诚度。

这条定律对于企业和商家自身也是同样适用的，市场竞争是残酷的，竞争对手对彼此的客户时刻都在“虎视眈眈”，如果你不去照顾好你的客户，那么竞争对手就会代替你去照顾了，忽视客户的不满情绪等于将宝贵的客户资源拱手送人。

发掘竞争对手的缺点

提供比竞争对手优厚的条件

以超出客户期望的态度去服务
蚕食客户对原有品牌的忠诚度

获得客户认可

畅通沟通渠道，欢迎投诉

有投诉才有对工作改进的动力，及时处理投诉才能够提高客户的满意度。有一些经营者和营销人员，将客户投诉看作“头号公敌”，他们采用“掩耳盗铃”般的应对方式，只要自己听不到客户投诉，客户私底下怎么抱怨也无所谓。这种对待投诉的态度无疑是自欺欺人，只会使客户的不满逐渐堆积并激化，最终彻底爆发。

客户的投诉能帮助企业和商家及时发现自身存在的问题，“当局者迷，旁观者清”，客户总是能够最快地发现产品或服务的不足之处。以客户的投诉为出发点解决问题，改善自身的不足，要远比经营者“闭门思过”来得更准确、更有效。

客户的投诉对企业和商家也有许多益处，客户的不满常常蕴藏着商机。松下公司就一直很注重倾听客户的抱怨，曾经有一位主妇打电话抱怨说，电器插座都是单孔的，同时使用几件电器很不方便。松下公司立刻组织人员进行研究，开发出了“三通”电源插座，并因此大赚了一笔。

畅通沟通渠道，便于企业和商家快速全面地搜集客户的投诉信息，有利于服务工作的开展。许多企业和商家，留给客户的投诉电话挺多，但是客户打过去不是忙碌就是无人接听，好不容易打通一回对方也是百般拖延或阻挠。投诉非但没解决问题，反而让自己更加窝心。

对于每一位营销人员，都要要求他们的工作电话随时保持畅通，接到客户的任何投诉，都要礼貌相待，尽力地去解决。当遇到自己无法决定的事情时，要第一时间找到有决策权力的上司，保证客户的投诉渠道畅通无阻。

客户投诉对企业的益处

1 及时发现自身存在的问题

2 客户的不满常常蕴藏着商机

3 有利于服务工作的开展

有投诉才有对工作改进的动力，
及时处理投诉才能够提高客户的满意度。

倾听客户的意见以了解他们的需求

为客户服务不能是盲目的，要有针对性。企业和商家必须倾听顾客意见，了解他们的需求，并在此基础上为顾客服务，这样才能做到“对症下药”，事半功倍。

有一位顾客买了一瓶酸奶，刚走没多久就跑了回来，对店主说：“这酸奶没法喝！”店主接过来看都没看，给他重新拿了一瓶。这位顾客拿到手里看了一眼，说：“这瓶也没法喝！”店主郁闷了，心想这人是不是故意捣乱啊，于是理直气壮地对顾客说：“我的商品都是从正规厂家进货，保证没有质量问题，我在这开店那么多年，从没有接到过客户投诉……”一串连珠炮，说得顾客插不上嘴，顾客没好气地大喊了一声：“没有吸管，你让我怎么喝！”店主瞬间傻眼了，羞愧得无地自容。

许多营销人员，没有听完客户的话，或是听完后没有进一步地思考、询问，在没能确认客户的真实意见之前，就主观地做出判断，盲目地辩解，或是提出“驴唇不对马嘴”的解决方案。这样的处事方法，轻则闹一出笑话，重则会让客户愤而离去，永远不再回头。

倾听客户的意见时，营销人员需要坚持三个原则：耐心、关心、避免先入为主。在客户诉说时，不要打断，让客户一口气说完。听客户说完后，如果明白了客户的意见，用自己的话复述一遍，征求客户的确认，如果不明白客户的意思，请客户做进一步的解释。不要以自己的感受或是其他客户的经历轻易地对眼前客户的意见下结论，提出同样意见的客户，他们的需求可能完全不同，需求只有从客户口中说出，才是最准确无误的。

关心
耐心
避免
先入为主
企业和商家必须倾听顾客意见，
了解他们的需求，并在此基础上为顾客服务，
这样才能做到“对症下药”，事半功倍。

设身处地站在客户的角度考虑

营销人员在应对客户的异议时，一定要站在客户的角度考虑。一些自己认为理所当然正确的事情，可能就有客户因为缺乏相应的知识和信息，或者是由于需求点的不同，而对产品存有担忧。

当客户提出疑虑时，营销人员就要想着“他为什么会有这些疑虑呢？有什么特殊的原因？”而不是在心里嘀咕着“这人怎么这么笨啊，这种问题有什么可担心的”。如果面对客户的疑虑，营销人员只是在那里一再强调“绝对不会出现这种问题”“您的担心完全没必要”，试图强迫顾客接受你的观点，那么是绝不可能成功的。你的强迫越强烈，客户的抵触也就越强烈。

每一位营销人员在生活中都扮演过客户的角色，其实都明白客户的一些心理，但在工作中却被切身利益蒙蔽了双眼，为了留住眼前的客户，不断地反驳客户的观点，对客户做出一堆承诺，甚至是隐瞒或曲解事实，这样只会适得其反。营销人员在销售时，要学会角色互换，要能够和客户站在统一战线去感受他的所思所想，这样才能够让客户的心理产生共鸣。

在产品销售后，同样也要站在客户的角度来考虑问题。产品使用时有哪些注意事项，如何使用与保养能延长产品寿命，使用时有哪些小技巧等，在活动中都可以对客户做详细的介绍。要知道，不是每一位客户都有耐心去读完那厚厚的说明书的。

设身处地为客户排忧解难，沟通交流时多走心，走着走着你就会发现走进了客户的心里。一旦让客户的心里有了你，无论是现在的成交还是将来的成交，都会变得更加简单。

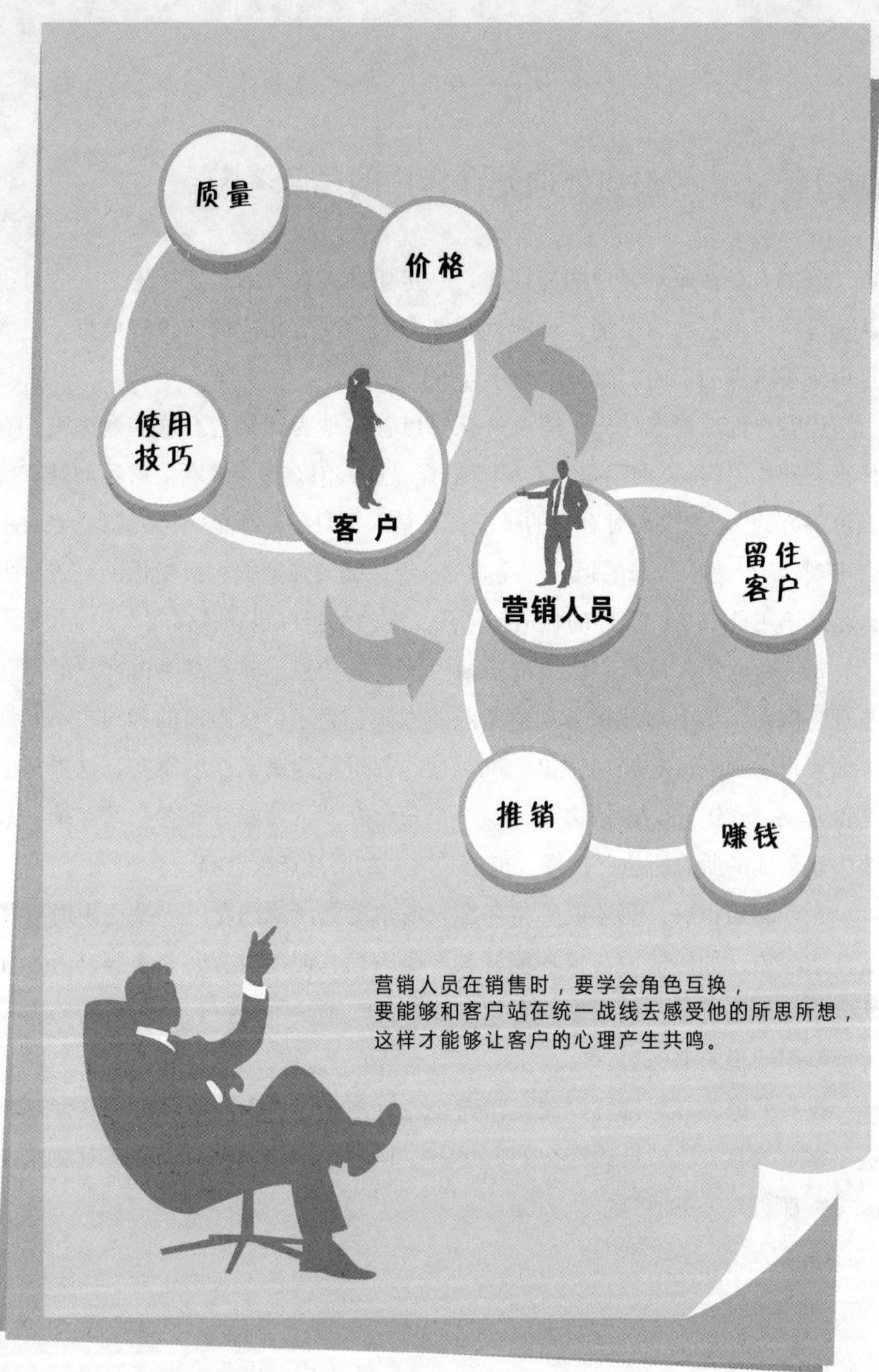
质量
价格
使用技巧
客户
营销人员
留住客户
推销
赚钱
营销人员在销售时，要学会角色互换，
要能够和客户站在统一战线去感受他的所思所想，
这样才能够让客户的心理产生共鸣。

定期沟通了解，解决客户提出的问题

人性化的服务，不能仅仅坐等客户提出问题，而是要定期主动联系客户，询问他们遇到的问题，并尽可能地提供最快最好的解决方案。

小张新买了一款 MP3，由于不小心摔了一下，按键变得不是十分灵敏。小张想着反正也不影响使用，去找商家维修也挺麻烦的，就凑合着吧。过了一段时间，MP3 销售店里的一位工作人员找到了小张，问他经过这段时间的使用，产品有没有出现什么问题。小张试着提出了按键的问题。营销人员看了看，说问题不大，现在就可以修好，于是短短几分钟就现场修好了。小张十分欣喜，对商家的售后服务大加赞赏。

并不是每一位客户都会主动找到企业和商家提出自己的问题，问题很小感觉无所谓，找商家感觉太麻烦，没有时间，等等，会有各种各样的主观或客观因素阻碍客户提出自己的问题。也许对于某些问题，客户不会太介意，或者只是在心里小小地抱怨一下。但是如果企业和商家能主动地找到客户解决这些问题，就能让这些小小的抱怨升华为大大的满意，如此“划算”的事情何乐而不为呢?

对于快速消费品，营销人员可以通过电话沟通询问客户的使用感受。而对于长期使用的产品，则最好登门拜访。如果客户表示没有问题，就提出对产品进行检测，并提出一些使用及保养建议。如果产品出现小问题，就免费提供维修。如果需要更换零件，则说明所需的费用，并征求客户的意见。

经过这段时间的使用，
产品有没有出现什么问题？
也许对于某些问题，客户不会太介意，或者只是在心里小小地抱怨一下。
但是如果企业和商家能主动地找到客户解决这些问题，就能让这些小小的
抱怨升华为大大的满意。

第三节
宣传推广，触发机会

为了能够更多地触发社区内的营销机会，就要在社区内进行宣传推广，让尽可能多的社区居民接触到企业和产品信息。宣传推广本身并不能让所有居民都做出购买决策，但是却能让居民在看到活动时想到“我听说过这种产品”，拉近双方的距离。

社区的特征分析

对于社区的宣传推广，不能一概而论，所有的社区都不尽相同，甚至会有显著的差异，只有采用针对性的宣传推广策略，才能取得最佳的效果。而宣传推广策略的制定，首先需要明确社区的特征。

社区的特征分析，可以从以下三个方面着手。

1. 社区规模

社区的规模大小，决定着宣传推广活动的规模大小。面对一个偌大的社区，如果只在一个地方贴张海报就算完事了，显然无法保证宣传推广的充分程度，无法保证社区内的宣传面面俱到。而对一个小型社区开展过高密度的宣传，不仅浪费资源，也容易引起居民反感。

2. 管理程度

社区管理的严格程度，也影响着企业和商家的宣传推广策略。对于管理严格的社区，宣传的地点、时间、方式等，都要严格遵照物业的指示，一方面避免发生冲突，另一方面则可以避免打扰社区居民。对于管理不严的社区，则可以在许可范围内开展更多形式的宣传推广，或是和社区居民之间进行更紧密的互动宣传。

3. 楼盘类型

社区楼盘是商品房、集资房、经济适用房还是别墅区？不同的楼盘类型有截然不同的建筑特点和社区基础设施，例如，别墅区一般有着更宽敞的广场，公园、停车场等设施也一应俱全，而经济适用房则主要是居住功能，其他设施可能并不齐备，这些都影响着宣传推广的媒介、地点、方式选择。

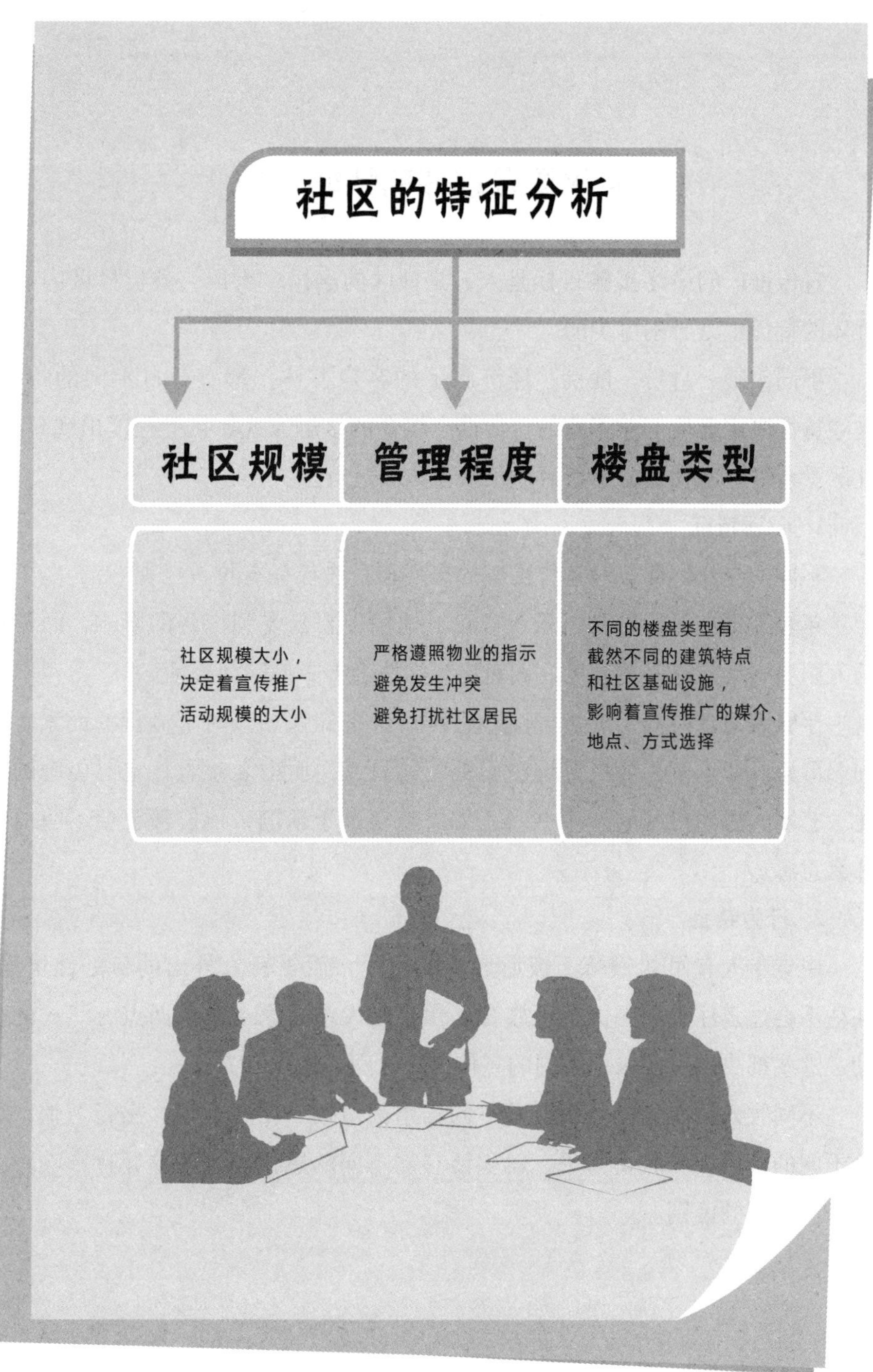
社区的特征分析
社区规模
管理程度
楼盘类型
社区规模大小，
决定着宣传推广
活动规模的大小
严格遵照物业的指示
避免发生冲突
避免打扰社区居民
不同的楼盘类型有
截然不同的建筑特点
和社区基础设施，
影响着宣传推广的媒介、
地点、方式选择

社区受众群体的特征分析

宣传推广的最终接触目标是人，是社区的居民，所以，分析社区内受众群体的特征也是必不可少的。

不同年龄、身份、性别、经济水平的客户群体，都有各自不同的特征，这些特征决定着他们对不同的宣传推广媒介的接触方式、接受程度出现差异，社区受众群体的特征分析，可以从两大方面进行。

1. 心理特征

不同的受众群体，对宣传推广的态度和看法各有不同。

年轻人更有冒险精神，乐于尝试，他们更容易受到广告的影响，而年长的人则更多地抱有谨慎态度，面对广告往往会多方询问与查证。

年轻人追求时尚，追求潮流，宣传推广中如果加入时下流行的元素、语句、形象、音乐等，能更好地吸引他们的目光。而中老年人肯定对传统的文化、艺术、思想更容易产生共鸣，如果广告过于新潮，他们甚至会不明白是什么意思。

2. 行为特征

中老年人有早晨锻炼、饭后散步的习惯，而年轻人外出的目的性更强，往往不会过多注意周围，上班族在工作日则大多是家与单位两点一线式的行动，这些都决定了要采取不同的宣传推广时间、地点和方式。

不同收入层次的群体，有着不同的生活习惯、用餐习惯、出行习惯，有着不同的价值观和欣赏水平，对生活有着不同的感悟，这些差异化影响着宣传推广内容的区别。

心理特征
年轻人：
冒险精神，乐于尝试
追求时尚，追求潮流
年长者：
谨慎态度
传统文化，传统思想
行为特征
年轻人：
两点一线式
年长者：
早晨锻炼，饭后散步

制定媒介策略及广告的创意策略

企业和商家要根据市场调研结果和自身的需求，制定出媒介策略及广告的创意策略，根据这两大策略才能更有效地制定具体的宣传推广方案。

1. 媒介策略应考虑的因素

（1）媒介类别。选择什么媒介进行社区宣传推广？宣传单、海报、广播、户外大屏幕？针对社区和受众群体特征，哪些才是最适合的方式？这是首先要考虑的问题。

（2）媒介费用。每一种宣传媒介，要达到企业和商家所需的宣传规模，具体需要多少费用，也是一个重要的问题。否则，方案确定后却发现花费远远大于预算，一切都是白费。

（3）目标衡量。不同媒介的传播速度、传播规模的差异，对于宣传推广效果也会有很大的影响。企业和商家要根据宣传推广的时间和效果要求进行选择。

（4）发布准则。不同的媒介在社区内有没有什么限制，也是媒介策略的选择标准。例如，有些社区可能就不允许发宣传单或是放广播。

2. 广告的创意策略

（1）目标策略。一个广告只针对一种或一类产品，做到目标明确。广告内容太杂只会让人找不到主题。

（2）传达策略。广告的文字、图像要清晰，内容和含义不能过于抽象，否则不利于信息的传递和理解。

（3）诉求策略。广告要突出产品最明显的特点，内容简洁，让消费者第一眼就看到产品的最大优势。

（4）个性策略。赋予产品和品牌独特的“个性”和“人格”，使产品与众不同，和竞争对手区分开来。

（5）品牌策略。凸显产品品牌，通过多种方式进行反复宣传，强化消费者对于品牌的认知。

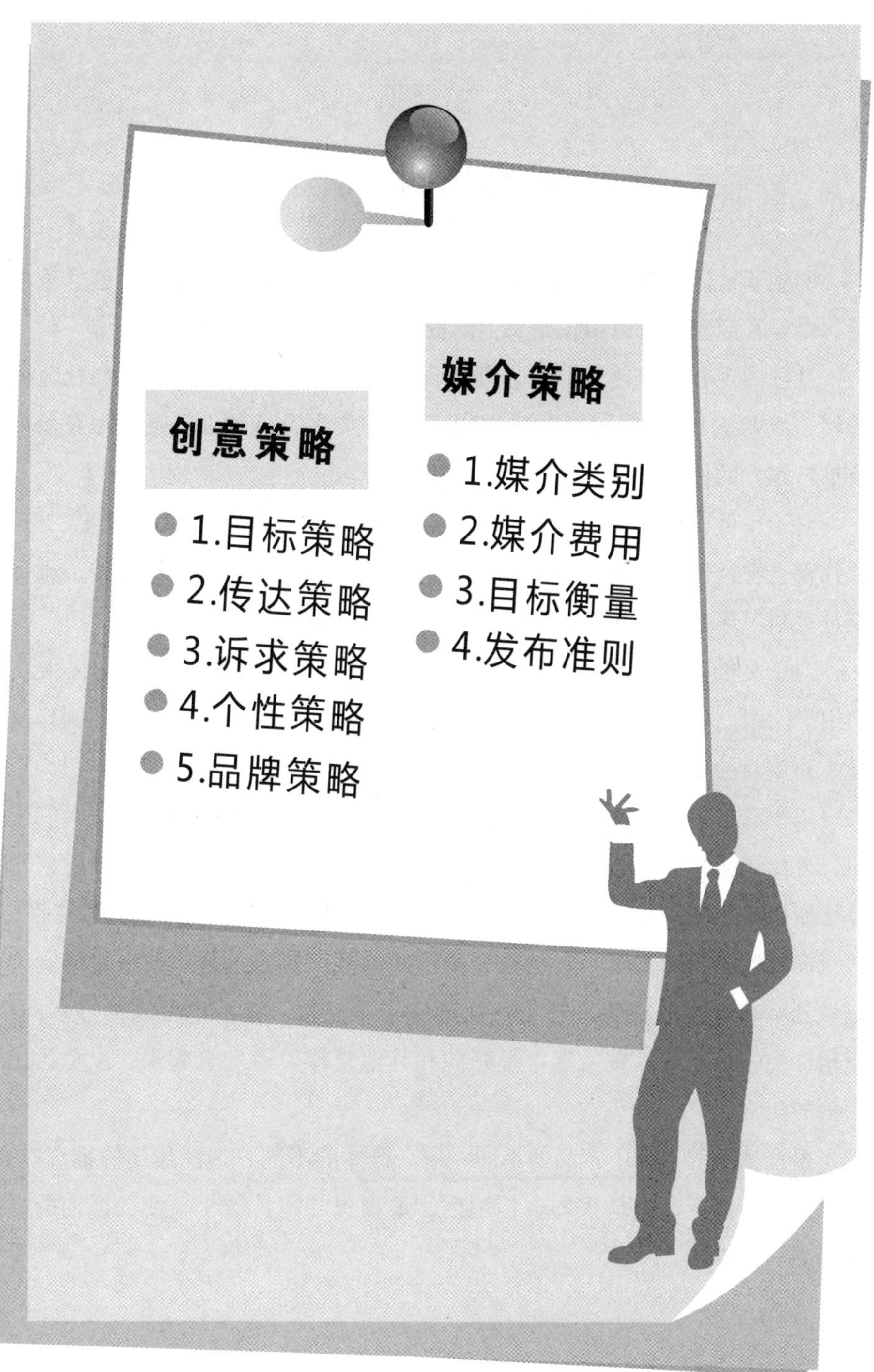
创意策略
1.目标策略
2.传达策略
3.诉求策略
4.个性策略
5.品牌策略
媒介策略
1.媒介类别
2.媒介费用
3.目标衡量
4.发布准则

选择最佳推广媒介

明确了社区和社区受众群体的特征，制定了媒介策略及广告创意策略之后，企业和商家就可以根据手头上的资料选择最佳的社区推广媒介。

社区内现有的宣传资源是企业和商家应当优先选择的目标，如社区的宣传栏，或者是LED显示标牌等。企业和商家要同社区物业沟通，尽量争取这些推广媒介的使用权，并事先谈妥租用费用。

对于中低档社区，居民在社区内的活动相对频繁，晨练、散步、聚会，往往都会在社区内进行，针对这类社区，可以采用传统的海报宣传，也可以在社区居民聚集的时间段内派发宣传单，或是通过广播进行宣传。

对于高档社区，居民间的联系和互动往往不会那么频繁，居民大多会“闭门不出”，外出时也往往以汽车代步，针对这类社区，可以设计制作有创意、高质量的精美宣传手册，直接投放到住户的信箱中。

以小高层为主的商品房社区，电梯是大多数居民的必经之地，人们上下班，外出回家，都不可避免的使用电梯，而且在等电梯、乘电梯的时候常常是无所事事，所以在电梯间布置广告、宣传信息更容易让居民看到或接收。

向社区居民群发短信，也是一种很好的推广媒介选择。数据化的宣传可以做到不着痕迹地宣传，避免在社区内张贴海报、宣传单带来的许多问题，泛用性更强。但是，短信宣传最好能和其他宣传渠道配合起来，以免居民对短信的忽视。

根据社区的不同、产品的不同、受众群体的不同，选择最佳的推广媒介，可以使宣传推广达到最大的宣传范围，最理想的宣传效果，使社区内的宣传推广更具性价比。

现有宣传资源 宣传栏

中低档社区 海报宣传

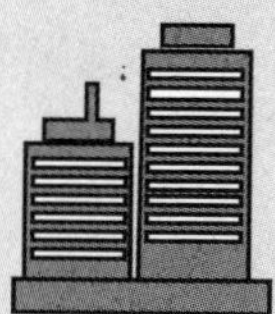

高档社区 精美宣传手册

商品房 电梯间布置广告

群发短信 与其他宣传渠道配合

根据社区的不同、产品的不同、受众群体的不同，选择最佳的推广媒介，可以使宣传推广达到最大的宣传范围、最理想的宣传效果，使社区内的宣传推广更具性价比。

第五章

互动联盟：社群营销推广的系列强化

第一节 建立互通的桥梁机制

社区的市场机会成熟后，如果企业和商家只是抓住机会在一个社区内进行单独的营销操作，其实是对机会的一种浪费，并无法实现机会效果最大化。通过在不同社区之间搭建互通的“桥梁”，推进区域联动，穿插并扩大机会，可以进一步强化营销活动效果。

寻找环境与条件相似的社区

世界上没有两片完全相同的树叶，对于构成成分复杂的社区来说，更是不可能有完全相同的社区。但是不同的社区之间必定存在一些相似的因素，企业和商家在策划社群营销方案时，要用求同存异的思想，明确社区间差异的同时，找出社区之间存在的与营销活动息息相关的相似因素，作为确定活动联动社区的依据。

寻找环境与条件相似的社区，可以从以下方面来考量。

1. 地理位置

社区间的地域位置关系是最显而易见的相似因素，位置相邻或相近的社区，会在一定程度上共享周围的商业资源，他们也许会在同一个地方用餐，在同一个地方购物等，所以位置相近的社区居民生活习惯也会有一些相似之处。而且，考虑到营销活动的辐射范围，位置相近的社区更容易受到营销活动的影响，企业也避免了运送活动物料和产品时的长途跋涉。

2. 居民构成

营销活动直接面对的是社区居民，居民构成直接决定着一个社区的客流量。根据产品的市场定位来寻找社区是必要的，针对年轻群体的产品就要寻找年轻人为主的社区开展联动，针对老年群体的产品就要寻找老年人为主的社区开展联动。不同的居民群体之间有不同的生活方式、消费方式，这对活动的开展时间、内容、促销方式选择都有影响，没有相似的居民构成就无法开展统一的营销活动。

3. 社区类型

不同类型的社区有着不同的管理方式，有着不同的基础设施，这就影响着营销活动的时长、地点、方式等各个方面，选择相似类型的社区，可以开展形式较为统一的营销活动，方便企业和商家的规模性运作。

?
地理位置
位置相邻或相近
居民构成
相似的居民群体
社区类型
相似类型

建立多方位的观察哨所

对社区的环境与条件，要从多方位进行观察，深度挖掘社区的市场信息，预计营销活动在目标社区内的开展效果。一切能够获取社区信息的人员、单位、平台，都可以利用来作为企业和商家的“观察哨所”。

1. 营销人员

营销人员自然是社区观察的主力，也是企业和商家唯一能切实掌控的“观察哨所”。对于任何一个社区，营销人员的调查走访、密切关注都是必不可少的。营销人员有专业的知识，有明确的企业意志，明白哪些是最需要的信息，他们的观察成果往往可以直接应用。

2. 社区物业

物业作为社区的管理机构，对社区自然有着比他人更为深入的了解，社区的规模、居民、设施、规章制度他们都了如指掌。所以，在进入社区之时，就要努力和物业建立良好的沟通关系，有需要了解的信息时直接同物业联系。

3. 社区业主

想要了解客户的想法，最快最好的方法自然是去问客户本人，但是一个社区这么多人口，企业和商家自然不可能接触到每一位居民，所以，最好的方法是和业主委员会的业主代表建立起良好的沟通关系。业主代表比起一般的业主，对社区的了解程度更深，而且在许多方面更有发言权。

4. 社区便利店

社区便利店是与企业和商家处于同一阵线的，营销活动开展得好，产品和品牌的影响力变大，也有助于便利店的销售。而且店主作为一位商人，对于市场机会的发掘和判断自然比一般人更深入、更准确。

一切能够获取社区信息的人员、单位、平台，都可以利用来作为企业和商家的“观察哨所”。

保持沟通，确定最佳联动机会

小李是一位零食销售商，主要经营各类外地的稀罕零食，年轻人很是追捧。某天，小李正在一个社区内举办营销活动，突然接到了另外一个社区便利店老张的电话。

“小李啊，你现在在搞产品活动吗?”老张问道。

“是啊，我现在正在××社区，您有事吗?”小李答道。

“前几天，你不是让我帮你观察观察在我们社区做促销活动合不合适吗?这几天，许多客户来我店里看到你的宣传海报，都挺感兴趣的，我从你那儿进的零食这几天也卖出去不少，我看现在趁热打铁搞活动，准没错。”

“真的吗?那真是太谢谢您了，我这就安排人手去准备，以后还要请您多多帮忙啊。”

小李挂上电话，立刻组织人手去老张的社区进行宣传推广，在第二天按照相同的模式开展了营销活动，果然如老张所说取得了很好的效果。

小李这次联动活动的成功开展，主要是由于他抓住了一个绝佳的联动机会，而这个好时机的发现，则得益于他和便利店店主保持了良好的沟通关系。老张作为一名经营者，对于客户兴趣、市场机会的判断都有自己的依据，有很高的可靠性。

建立了多方位的观察哨所之后，要定期地沟通联络，下达指示，或是提出需要请对方协助，这样，当联动机会出现后企业和商家才能第一时间获取信息，不至于让机会石沉大海。

建立了多方位的观察哨所之后，要定期地沟通联络，下达指示，或是提出需要请对方协助，这样，当联动机会出现后企业和商家才能第一时间获取信息，不至于让机会石沉大海。

把活动在区域内以最快的速度传播

当发现确定最佳联动机会时，就要果断行动，迅速在其他社区内铺开活动。社区的联动机会往往转瞬即逝，社区的居民今天还对产品和活动挺感兴趣，可能到了明天就会兴趣全无。而且时间过得越久，已开展过的营销活动的热度和影响力就越低，联动活动的宣传推广和气氛营造就越是难以借势。如果活动间隔过长，那活动之间就无法保持联动，只是相当于又开展了一轮新的营销活动。

所以，用最快的速度在目标区域内铺开营销活动，不仅保证了传播速度，而且也提升了单位时间内的宣传密度，提升了活动的效果和品牌影响力。

要保证活动在区域内的传播速度，就要事先进行周密的安排。

1. 准备充分

营销活动离不开人力物力的支持，如果在发现了活动联动时机之后，才去进行活动准备，难免会贻误战机。所以，在活动开展之前，就要按照预先的计划，提前准备好一些不易快速准备的物料。人员的分工也要提前做好安排，如果企业和商家人手有限，不能同时支持多场营销活动，也可以招聘临时兼职人员，做好培训后，让他们随时待机准备。

2. 行动迅速

发现机会后迅速行动，不仅需要工作人员训练有素，还需要有正确果断的指挥，无论是经营者还是营销经理，都要对活动的各项环节烂熟于心，这样在安排人员开展活动时才能迅速有序，不出差错。

做到以上两点，在联动机会出现后企业和商家就能从容地应对，不仅能以最快速度铺开营销活动，也能避免匆忙执行造成活动疏漏。

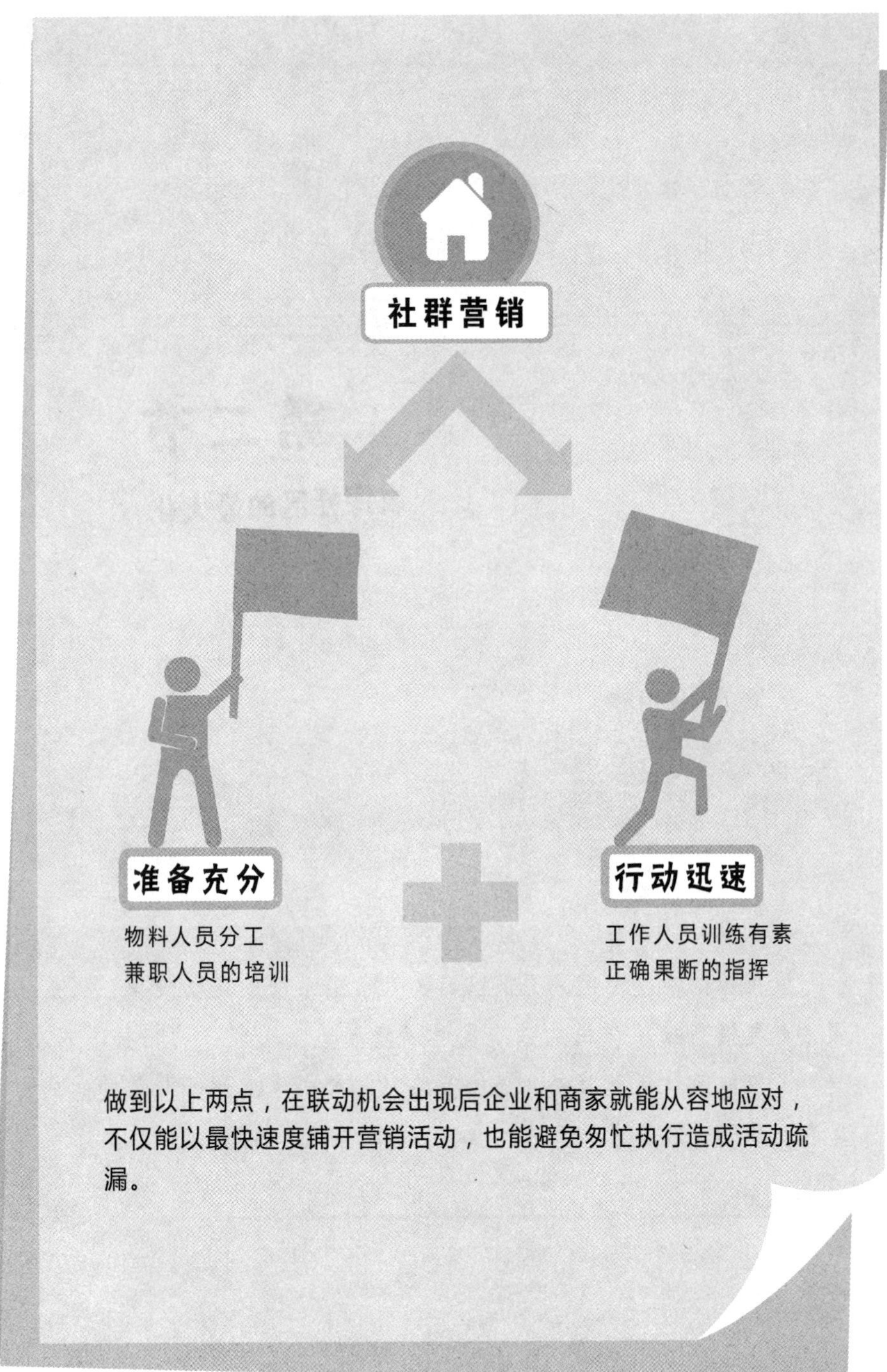
社群营销
准备充分
物料人员分工
兼职人员的培训
行动迅速
工作人员训练有素
正确果断的指挥
做到以上两点，在联动机会出现后企业和商家就能从容地应对，不仅能以最快速度铺开营销活动，也能避免匆忙执行造成活动疏漏。

第二节 发挥社区的最大化

发挥社区的最大化，不仅仅要扩大营销活动的联动规模，更重要的是要提高社区居民的兴奋度和满意度，满足客户的精神需求。这样不仅能深化活动效果，还能节约时间和成本，为社群营销的成本化运作开辟道路。

扩大活动穿插来回造成的影响

在进行社群营销活动联动时，采用适当的方式方法，在不同社区间进行活动穿插来回开展，能够进一步扩大活动的影响力。

某企业在当地开展社群营销，选择了三个位置相近的社区开展活动。但是企业在三个社区开展的营销活动都不尽相同。第一个社区内开展的是购物抽奖活动，第二个社区内开展的是“二人三足”赛跑活动，第三个社区内开展的是有奖竞猜活动，而且，三个社区的营销活动产品种类也有一定的区别。在一天的活动结束后，第二天的三种营销活动互换目标社区，在三个社区内进行循环活动，持续三天的营销活动获得了社区居民十分强烈的反响。

该企业在三个社区内循环开展了三种形式不同的营销活动，既延长了营销活动的时间，扩大了营销活动的影响力，也保持了一定的活动新意，避免了社区居民出现厌倦情绪。

活动的穿插来回要保持高速度、高频率，活动的间隔最多不能超过一天，否则就不能有效地扩大影响力。活动的穿插来回也要保持社区之间的联动性，在一个社区开展活动时，营销人员要向参与活动的现场客户介绍企业和商家目前在其他社区开展的活动，或是介绍前一天在该社区开展的活动，最好能够配合照片、影像等。

活动的穿插来回不仅能调动社区居民参与活动的热情，还能够引发各个社区居民间的互动讨论，增强营销活动的区域影响力。

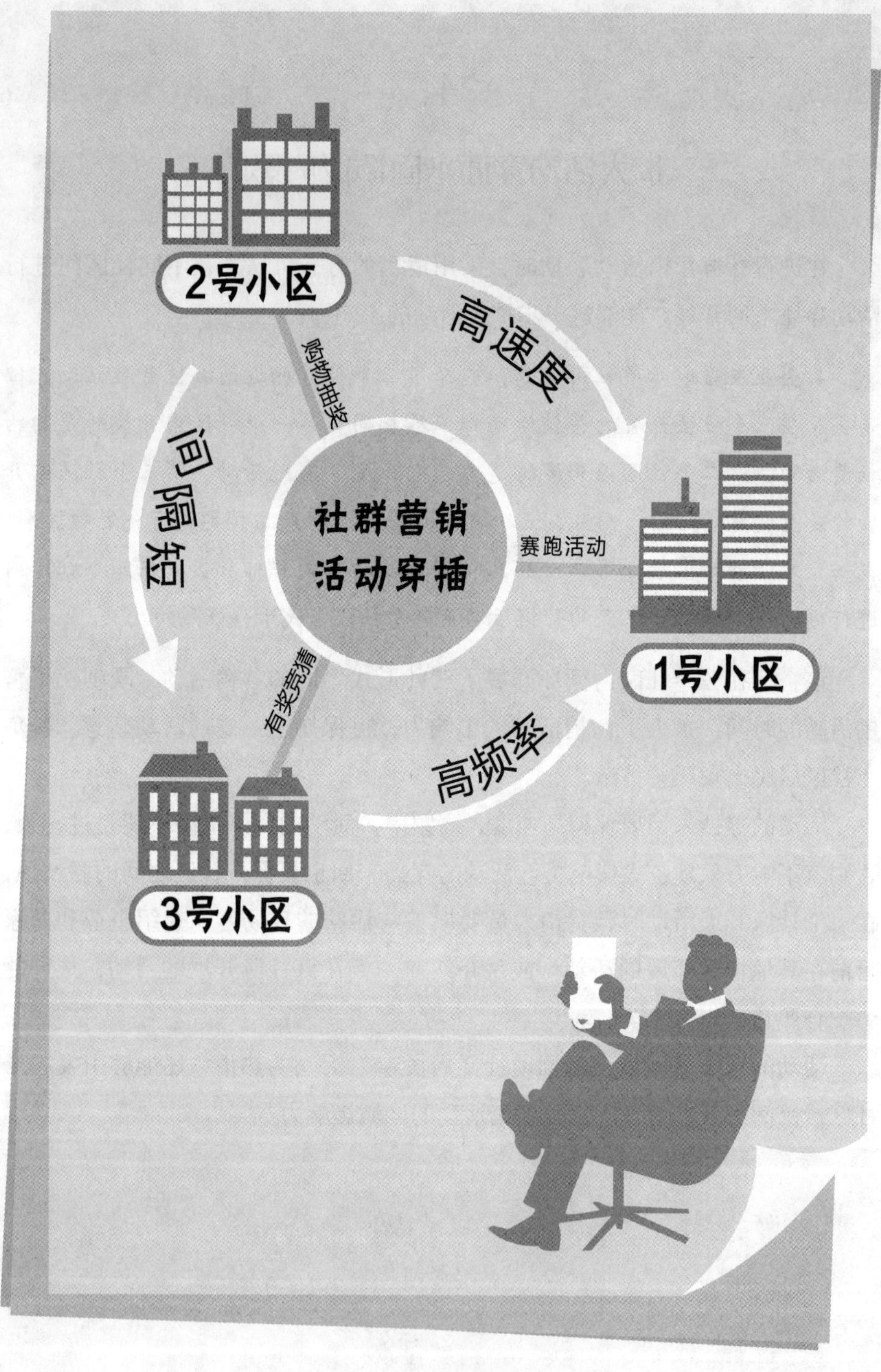
2号小区
高速度
购物抽奖
间隔短
社群营销
活动穿插
赛跑活动
1号小区
有奖竞猜
高频率
3号小区

进行有效的回访

回访是为客户提供优质服务，提升客户满意度的重要方式。但有些营销人员对客户进行回访，只是迫于公司的规定和硬性要求，是为了回访而回访，而不是为了了解客户需求，解决客户问题而回访，这种应付式的、形式化的回访只能是一种无效回访。

进行有效的回访，营销人员就要牢记下列的原则和技巧。

（1）避开客户休息和繁忙的时间，进行回访是为了通过服务提升客户的好感，但如果不分时候地回访，打扰了客户的正常工作和休息，反而会降低他们的好感。

（2）讲话时吐字清晰，语言有条理，语速平缓，避免说话磕磕绊绊，良好的谈吐不仅能准确地向客户传达信息，也能展示自己的专业性，让客户更放心。

（3）回访的目的是了解客户的感受和需求，所以要学会倾听，多让客户说话，当客户提出疑问或征求意见时需要及时、热情地回应，表现自己一直在认真倾听。

（4）回访目的要明确，直切主题，内容尽可能简短，除非客户主动攀谈延长交流时间，否则不要占用客户太多时间。

（5）回访时客户提出的问题，一定要及时解决，客户的满意度，会随着问题解决时间的推移而不断降低，如果等问题解决了但客户已经放弃了产品，那显然回访没能取得任何效果。

（6）如果要回访的客户本人不在，可以向其家人询问做出了解，并保持同等的沟通礼仪。

（7）客户回访不要太频繁，回访周期要固定，以免客户厌烦，或者有重要信息需要通知客户时，可以此作为回访理由与客户联络。

回访的原则和技巧
避开客户休息和繁忙的时间
吐字清晰，语言有条理，语速平缓
学会倾听
直切主题，内容尽可能简短
及时解决客户提出的问题
客户本人不在，向其家人询问
回访周期要固定

建立相互的消费信任关系

想要使购买一次产品的消费者成为企业和商家的长期客户，最重要的一点就是要和客户建立起相互的消费信任关系。

小赵是一家化妆品店的销售人员，这一天，她像往常一样到客户家进行定期拜访。

“您好，马小姐。”小赵打了一个热情的招呼。

“是小赵啊，大热天的辛苦了，快请进。”客户也热情地招呼小赵进门。

“前段时间您买的护肤品，用起来感觉还好吗?”

“挺好的，用了一周之后，我感觉皮肤好多了，你看。”

“确实，您现在的肤色看起来比以前更年轻了。您在使用中没遇到什么问题吧?”

“就是有时在使用后，脸部感觉有些发热。”

“没关系，这是正常的反应，有时皮肤会变得敏感，这时使用产品后就会感觉到热，不需要担心。如果您遇到什么问题，任何时候都可以联系我，今天就不打扰您了。”

“好的，这么久以来一直用你们店的产品，你们的产品和服务我放心。”

“这都是应该的，以后有适合您的新产品我会第一时间拿来给您看，再见。”

为什么小赵和马小姐建立起了良好的信任关系？从案例之中我们就可以找出几大要点。

首先，质量可靠的产品。产品是信任的基础，如果产品质量不过关，你给客户提供再多的小恩小惠也无法博取他们的信任。

其次，长期的跟踪服务。产品卖出去不是结束，还要定期的跟踪回访，询

建立相互的消费信任关系
质量可靠
长期的跟踪服务
专业的产品顾问
没关系，这是正常的反应，有时皮肤会变得敏感，这时使用产品后就会感觉到热，不需要担心。
这都是应该的，以后有适合您的新产品我会第一时间拿来给您看，再见。
好的，这么久以来一直用你们店的产品，你们的产品和服务我放心。

问客户的意见，这是建立信任关系的主要方式，否则，客户只会把你看成一个卖家，而不是当成朋友。

最后，成为专业的产品顾问。面对客户的疑问，你要知其然并知其所以然，回答客户的疑问并能提供最佳的解决方案，只有专业才能催生信任。

只要真正做到了以上三点并长期坚持，信任关系的建立便能水到渠成。

第六章

网络社区：社群营销的新武器

第一节 网络时代的社区

互联网时代的到来，使得社区不再只存在于现实世界，虚拟的网络世界同样也出现了形形色色的社区。网络社区的出现，给社群营销提出了新的挑战，同时也提供了新的机遇。而随着互联网技术的进步和普及，网络社区的形式也变得越来越多元化。

社区业主论坛

社区业主论坛是一个城市和地区，或是精确到一个社区内的业主们提出问题，交流信息，参与讨论的一个平台。

在社区业主论坛中，会有许多业主讨论或询问和生活息息相关的问题。例如，社区附近有哪家饭店又好吃又实惠，社区附近哪一所幼儿园最好，询问房屋装修的风格、费用、装修公司选择的问题等，不计其数。这些信息中，往往就蕴涵着良好的商机或是营销活动的开展机会。

社区业主论坛进入较为自由，没有明确的限制，即使并非社区业主，营销人员也可以找到目标社区论坛，进入之后浏览帖子，寻找挖掘自己想要获取的信息。该社区内比较火的帖子，业主最新提出的问题等，这些帖子有助于营销人员发掘目标社区近期的兴趣、需求等重要的参考信息。对于提出问题或是寻求推荐的网友，营销人员可以参与回帖，通过回答问题或是做出推荐来进行间接的宣传推广。

在社区业主论坛进行营销一定要注意话题的针对性，要针对近期社区业主普遍关心关注的事件，或是感到厌烦头疼的问题作为引子，这样才能引起他们的注意，否则，单纯的广告帖很容易被社区业主直接无视。

在营销活动开展之后，社区业主论坛也可以作为公关工具，发现业主的问题和不满，及时提出解决措施。

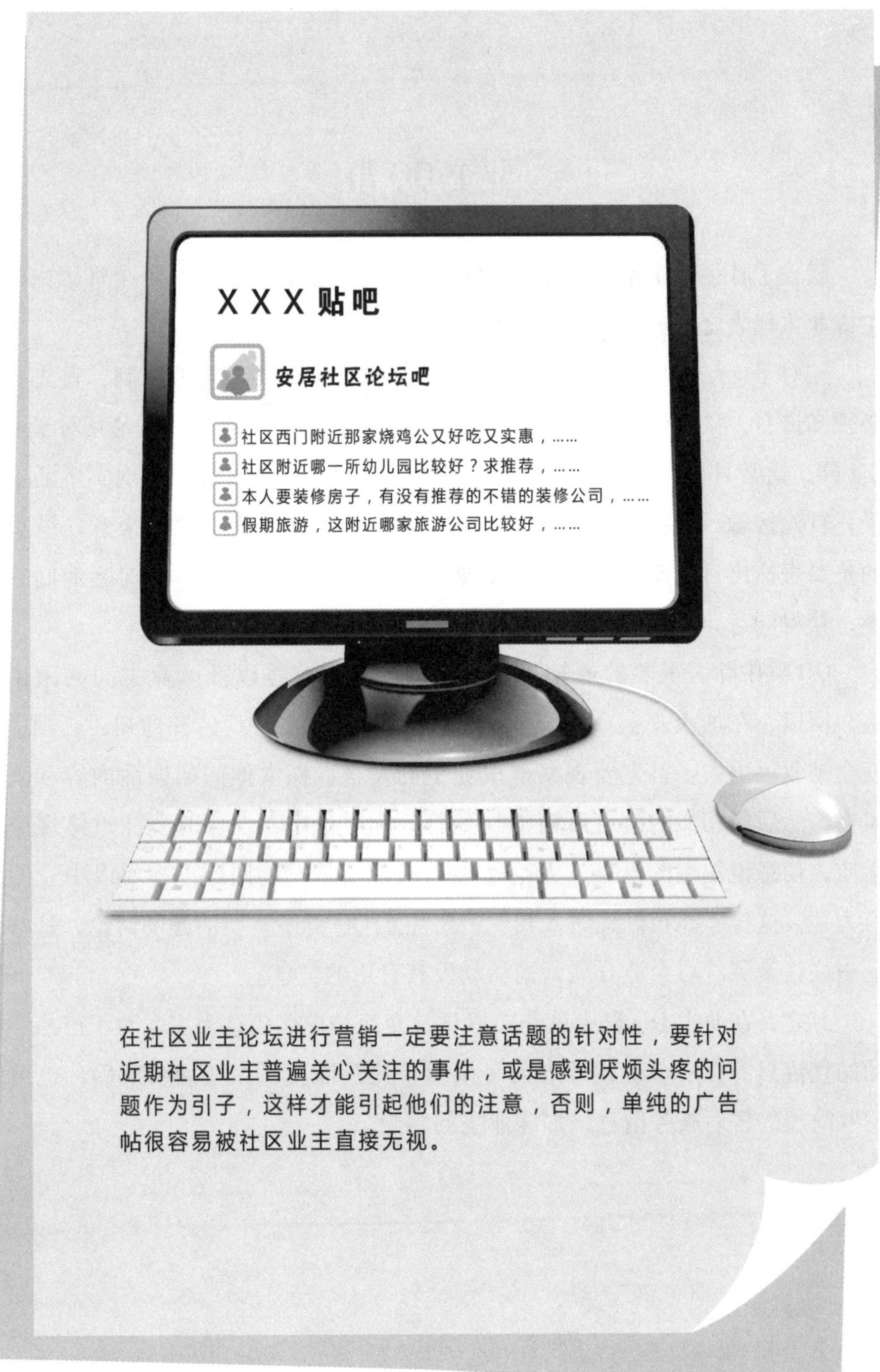
XXX贴吧
安居社区论坛吧
社区西门附近那家烧鸡公又好吃又实惠，……
社区附近哪一所幼儿园比较好？求推荐，……
本人要装修房子，有没有推荐的不错的装修公司，……
假期旅游，这附近哪家旅游公司比较好，……
在社区业主论坛进行营销一定要注意话题的针对性，要针对近期社区业主普遍关心关注的事件，或是感到厌烦头疼的问题作为引子，这样才能引起他们的注意，否则，单纯的广告帖很容易被社区业主直接无视。

业主 QQ 群

相较于社区业主论坛，业主 QQ 群的针对性更强，一般，一个社区内的业主或业主代表之间就会组建一个 QQ 群。

相对于论坛的自由化进入，QQ 群的加入就要受到一定的限制，首先我们必须知道 QQ 群的群号码，在申请加入后还要获得群主的许可，尤其对于业主 QQ 群，通常只会让小区的业主加入。所以，营销人员最好先从现实生活中入手，首先接触目标社区的业主委员会代表，同他们交流，表明来意，最重要的是要表达出自己能为社区业主带来哪些实惠，这样才有可能勾起他们的兴趣，获得同意。

QQ 群中除去重要的通知外，日常的内容肯定是以社区业主间的闲谈为主。所以，在加入业主 QQ 群后，切忌不要立刻发各种广告和通知，否则很快就会被驱逐出去。首先要观察群里业主的发言，探索他们的谈话内容和语言风格，然后用相似的语言风格参与到聊天和讨论中。发言时要注重体现个人素质，切忌说偏激的语言，无论是参与讨论还是发起话题，都要以中立的语言为主，这样才能很好地融入其中。要注意 QQ 群中重要话题的讨论，这些话题中往往隐藏着对企业开展营销活动极其有用的信息。

总之，在业主 QQ 群中就是要以日常交流和挖掘信息为主，对于产品和活动的宣传只需在活动正式开展前一天简单提及即可。在活动结束后，也可以发些简短的售后服务信息，加深业主的感受。

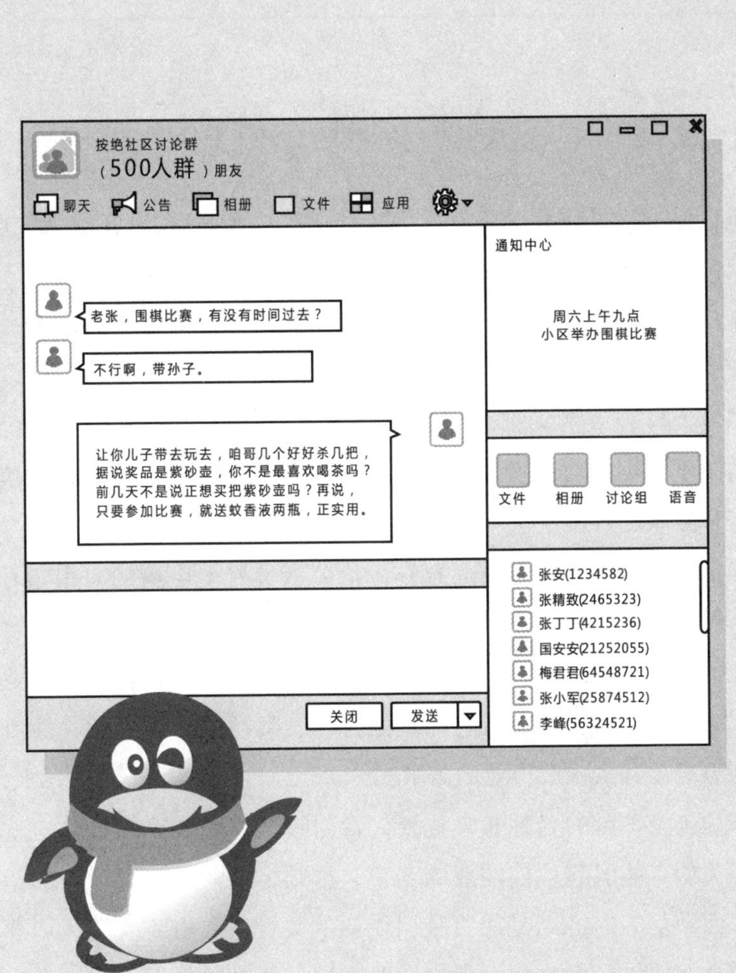

在业主QQ群中就是要以日常交流和挖掘信息为主，对于产品和活动的宣传只需在活动正式开展前一天简单提及即可。在活动结束后，也可以发些简短的售后服务信息，加深业主的感受。

微信及微信公众号

微信是一款可以快速发送文字与图片，支持多人语音对话的聊天软件，也是目前我国用户数量最大、最火的一个社交平台。

微信有着丰富的传播形式，如“漂流瓶”“摇一摇”等功能，都可以帮助企业和商家快速寻找客户，扩大自身的影响力。营销人员也可以在微信的签名档放上广告或活动信息，可以被周围搜索的用户发现，虽然范围有限，但是由于不需要主动去操作，所到之处都有可能使用户发现宣传信息，也不失为一种必备的宣传手法。

微信公众号是开发者或商家在微信公众平台上申请的应用账号，该账号与 QQ 账号互通，通过公众号，商家可在微信平台上实现和特定群体的文字、图片、语音、视频的全方位沟通、互动。微信公众号包含九大行业模块：微婚庆、微房产、微餐饮、微电商、微医疗、微酒店、微旅游、微汽车、微美容，能够满足各大主要行业的需求。

微信公众平台的名称非常重要，希望吸引哪一类客户群体，就取与这个群体相关的，能引起他们注意的名字，否则，企业和商家自身的特点就无法彰显。而微信的内容则是能否吸引受众的关键，要做到文化、商业、娱乐三者相结合。如果只有文化而没有商业支持，就难以做下去，也会失去营销的本意。如果只有商业而没有娱乐，就会使广告充斥，也不会获得消费者的关注和好感。而如果只有娱乐，则又显得没有主题，太过肤浅。

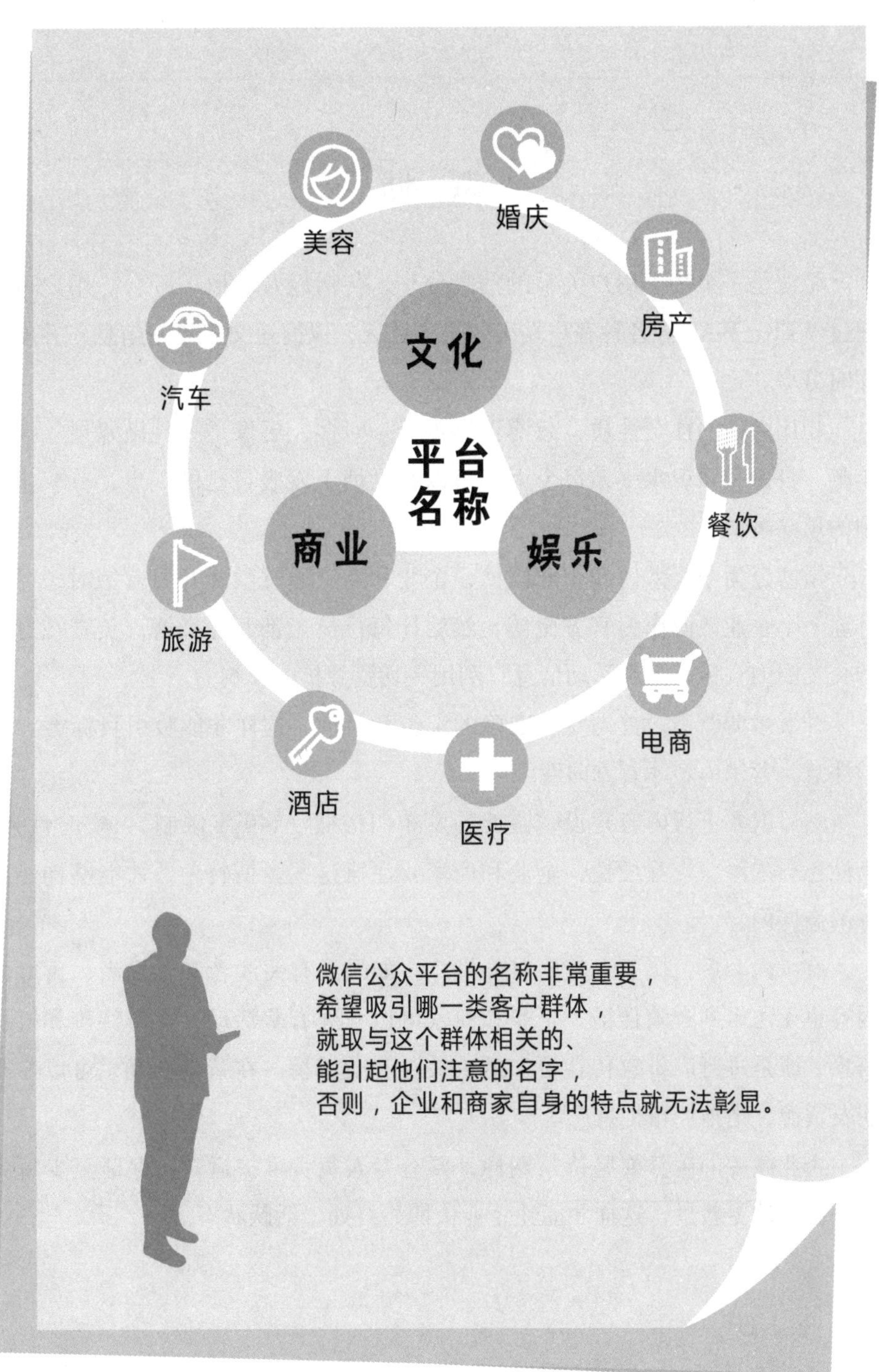
婚庆
美容
房产
文化
汽车
平台
名称
餐饮
商业
娱乐
旅游
电商
酒店
医疗
微信公众平台的名称非常重要，
希望吸引哪一类客户群体，
就取与这个群体相关的、
能引起他们注意的名字，
否则，企业和商家自身的特点就无法彰显。

微 博

微博是一个基于用户关系的信息分享、传播以及获取的平台。用户可以通过 WEB、WAP 等各种客户端组建个人社区，以简短文字更新信息，并实现即时分享。

相比微信的社交性质，微博更侧重于一对多，更像是一种微媒体。无论年龄、身份和知识水平，每个人都可以在微博上发表自己的观点，分享生活中的琐碎事情。

微博分为个人微博和企业微博，企业和商家通过微博开展营销时，可以开通一个企业微博作为官方微博，然后让每位员工都开通微博，负责在自己的交友圈内宣传产品和活动信息，利用一切资源扩大影响力。

开展微博营销，首先要有准确的定位和目标，这样才能吸引目标客户群的注意，营销内容才有方向性。

然后就要进行内容建设，微博的发布门槛低（140 字限制）、实时性强、个性色彩浓厚、交互便捷，企业和商家要注意这些微博特色，才能够构建出好的微博内容。

有了内容后，接下来就要对外推广，如果没有关注者和转发者，再好的内容也无法得到有效传播。企业和商家可以开展有奖活动，发布特价和打折信息，或是进行广告宣传让更多的人关注企业微博。在营销初期，可以发动朋友资源，请他们帮忙推广。

企业微博的运营要坚持长期性，要有专人负责维护运营，保证至少每天一条信息的更新量，这样才能让企业微博始终处于活跃状态。

准确的定位和目标
根据营销内容
进行内容建设
（140字限制）、实时性强、
个性色彩浓厚、交互便捷
对外推广
有奖活动
发布特价和打折信息
广告宣传
坚持长期性
有专人负责维护运营

BBS

BBS是指电子公告板，最初只相当于一种虚拟的网络宣传栏，后来功能不断扩充，逐渐演变成了一种新形式的在线论坛。我国的BBS十分发达，数量已超百万，其中有一些是大型门户网站的附属网站，但更多的还是专业性的分类网站，BBS的浏览者多是某个领域的专业人群，或是对某个领域有兴趣和需求的人群。

通过BBS开展营销，企业和商家首先需要根据行业和产品类别选取相应的BBS论坛，这样能保证有足够的目标消费者。然后在选取的BBS论坛上注册账号，每个论坛都尽量多注册几个账号，这样便于前期的炒作。要安排专门的人员管理账号，积极地发帖、回帖，这是为了快速融入论坛核心，积累更多的威望，这样在开展营销时，才能更有力度，才有更多的资源加以利用。

营销策划的标题一定要足够醒目，有一定的号召性，吸引网友的关注，让他们不自觉地点击进来看一下内容。内容要有水平、有深度，让网友看了感觉有话要说，迫切地回帖发表自己的观点。在发帖初期，可以先用自己注册的“马甲”账号进行回帖，保证醒目度，有趣的回帖内容可以帮助帖子进一步预热。要正确地引导网友回帖，不要让事件朝反方向发展，当然，有时争论也有助于营销的快速传播，但是企业和商家还是要有危机意识，多加关注，发觉情况不妙时迅速地加以制止和引导。

通过BBS开展营销

选取相应的BBS论坛

- 保证有足够的目标消费者

注册账号尽量多

- 便于前期的炒作

专门的人员管理账号

- 积极地发帖、回帖
- 快速融入论坛核心

开展营销

- 营销策划标题要醒目
- 有一定的号召性
- 正确地引导网友回帖
- 要有危机意识

各个地区、各个行业的团购网站

如今，团购已经成为了越来越多消费者的网上购物选择，而团购通常是通过团购网站来实现的。所谓团购网站就是团购的网络组织平台，就是互不认识的消费者，借助互联网来聚集资金，加大与商家的谈判能力，以求得最优的价格。根据薄利多销、量大价优的原理，商家可以给出低于零售价格的团购折扣和单独购买得不到的优质服务。

团购网站有着准确定位的目标消费群体，有着大量稳定的消费人群数量，这对于企业和商家开展营销都是很有利的因素。

团购网站有的按地区运作，例如，抢团网就是一家专为南京地区打造的团购网站，提供餐饮、KTV、影院、美容美发等团购优惠项目。有的则按行业运作，例如，城市团购网就是典型的家居建材团购网站，主要提供装修、建材、家具、家电等团购项目。

企业和商家可以根据自身的需求，根据自身的产品特点、行业分类，选择适合的团购网站开展合作，在网站上投放产品及广告。

越是大型正规的团购网站，对于要求合作的企业和商家审核就越严格，一般要求出示的资质如下：营销执照，组织机构代码，商标注册证，税务登记证，质量检测报告，生产许可证，卫生许可证，实体店的进销证明等。这些资格文件，企业和商家最好能在和团购网商讨合作事项时准备齐全。

团购网站有着准确定位的目标消费群体，有着大量稳定的消费人群数量，这对于企业和商家开展营销都是很有利的因素。根据薄利多销、量大价优的原理，商家可以给出低于零售价格的团购折扣和单独购买得不到的优质服务。

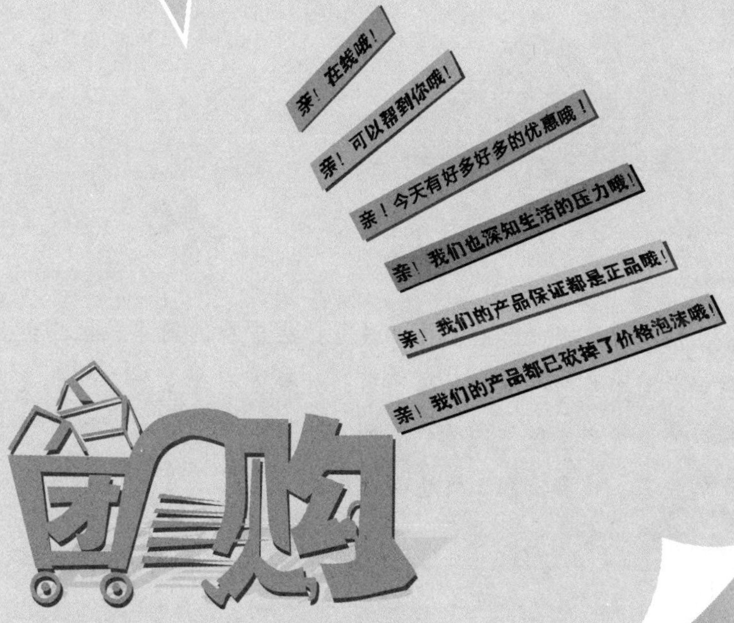

第二节
网络社区的三块基石

网络社区中什么最重要？关系！在虚拟的网络社区，企业同消费者之间相互都看不见、摸不着，如果没有建立起密切的关系，就难以使消费者接纳你的营销。所以，无关系无营销，而要建立起密切的关系，就要依靠三块基石的力量。

分享

分享是互联网的一大特征，它甚至直接改变了传统的营销模式。传统的营销模式遵循 AIDMA 模型——关注（Attention）、兴趣（Interest）、渴望（Desire）、记忆（Memory）、购买（Action）。而网络时代的营销模式遵循 AISAS 模型——关注（Attention）、兴趣（Interest）、搜索（Search）、购买（Action）、分享（Share）。

在网络社群营销中，让客户购买不再是营销的最终目的和结局，让客户购买后还乐于分享，才是企业和厂商需要努力的方向。传统的营销是自上而下单线条的，消费者之间几乎是完全平行，除非是互相认识或在现实生活中有交集，否则不会有什么关于产品和品牌的信息交流。而在网络中，消费者能够接收到天南地北的陌生人对于产品的看法、感受等信息，分享成为了可能，也变得越来越重要。

消费者在网上购物后的评论、晒单等，其实就是一种分享行为。我们进入一家网店，找到了一款想要的产品，第一感觉看上去不错，但是我们对产品不了解，对商家也不了解，这家店可靠吗？产品是正品吗？价格够公道吗？这些都是我们会浮上心头的疑问。这种情况下，通常我们会先将网页下拉到评论区，看看已经购买过的消费者作何评价，这些评论会显著影响着我们的最终购买决策。

在产品和服务上寻求突破，给消费者提供最佳的购物体验，刺激消费者的兴奋点，都可以促使他们乐于分享。消费者发布的满意的分享信息表现了他们对品牌的赞同，同时也会吸引更多的消费者。

XX产品，正品保证，……
本地包邮
原价69元 现价49元
分享到
评论区
还不错，挺实用，质量也很好，价格公道……
晒一下，很满意，好评。
消费者发布的满意的分享信息表现了他们对
品牌的赞同，同时也会吸引更多的消费者。

信　任

网络时代中，消费者每天都经受着无数广告的狂轰滥炸，体内早已产生了强大的“广告免疫力”，各类铺天盖地的广告宣传，已经很难再触动他们的内心了。在很多时候，对消费者决策起到决定性作用的，不再是花样迭出、天花乱坠的广告攻势，而只是网友的一句话，或是某个评测产品的帖子，即使我们并未真正见过那位网友或者那位发帖的人。

网络社区的出现改变了人们传统的社交方式，这种虚拟的社交方式脱离了一定的社会情境线索，比如外貌、语言、空间特征等，也导致了传统的人际信任观发生了改变。在网络社区，不谈年龄、不谈性别、不谈身份，只要有共同的兴趣爱好，主要有共同的话题，就可以成为相互信任的朋友，现实世界中束缚人际交往的一些条条框框在这里几乎不会产生什么作用。尤其对于一些因共同爱好而组建的QQ群，微博上的粉丝，微信的好友等，他们有着长期的交流，有一定的共同认知，因此他们的话语相互之间都具备很强的影响力。

因为有信任的因素存在，所以即使同样的内容，对于广大消费者来说，企业宣传的可信度往往比不上网友的介绍与评价。而想让网友对企业和产品进行正面的介绍与评价，就需要可靠的产品质量，以及无微不至的服务，这样才能获取最初的一批消费者的信任，博取他们的好感，他们才会愿意分享自己的购买经历。借助广大消费者的分享，信任才能以最快速度传播。

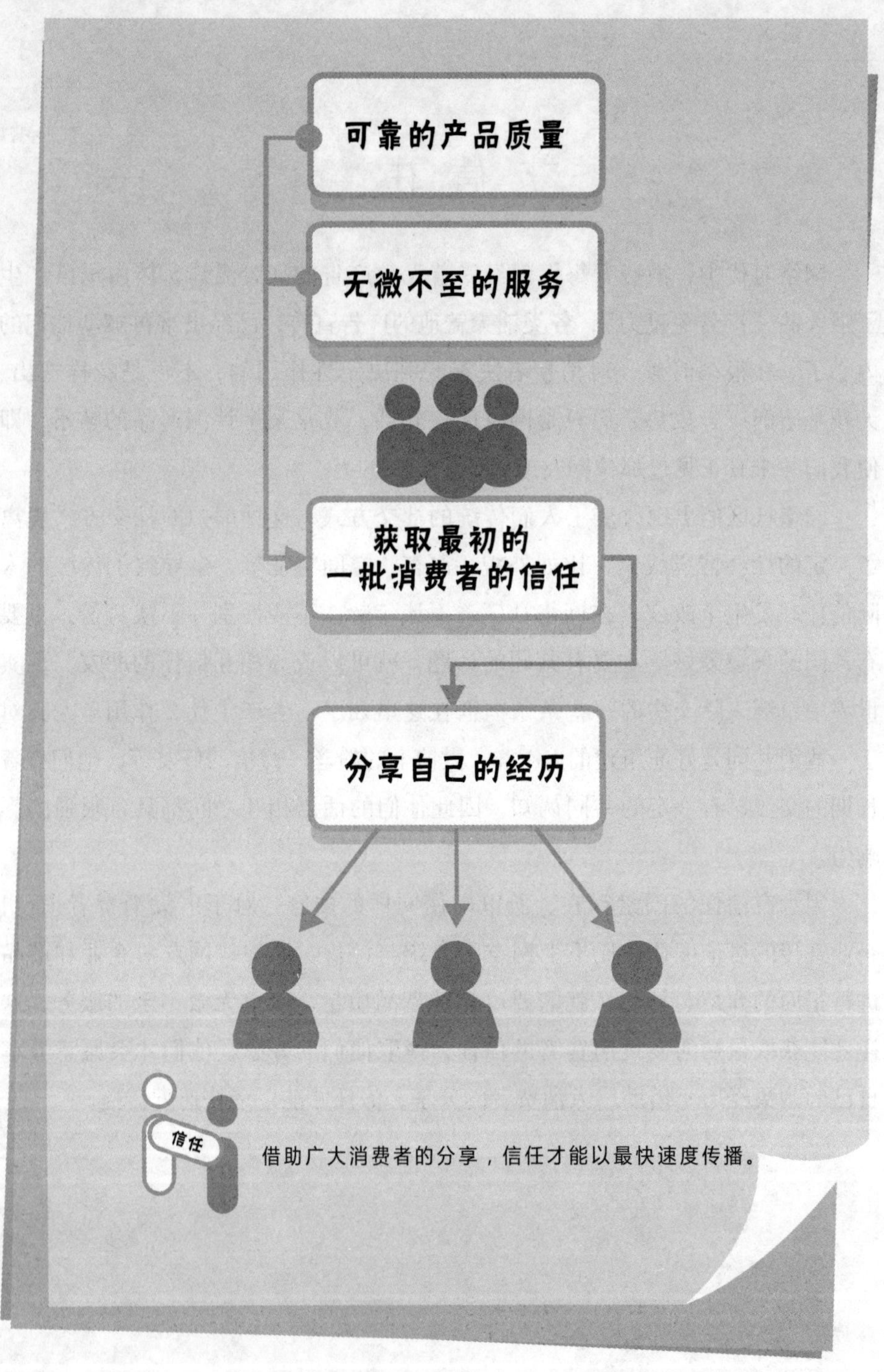
可靠的产品质量
无微不至的服务
获取最初的
一批消费者的信任
分享自己的经历
信任
借助广大消费者的分享，信任才能以最快速度传播。

传　播

网络社区比起现实社区，最大的优势就在于没有时间和地域的限制，无论相距多远，都能够在同一个网络社区中活跃，随时分享信息，而且，网络社区的信息传播速度要远远大于在现实社区的宣传推广速度。

网络社区有着巨大传播能量的原因就在于，网络社区中的每一个人，既是信息的接收者，也是信息的传播者。与传统媒体时代的“口口相传”相比，网络上的信息传播速度更快、范围更广、持续时间更久。

网络社区的信息传播还有一大优势，就是成本极低，传统的传播媒介，无论是报纸、电视，还是宣传单、海报，都需要使用费、制作费，或者是安排营销人员进行宣传推广工作，哪一种宣传方式都需要资金的投入甚至花费不菲。而网络社区的信息传播，几乎是零成本，只需要制作好内容，连上网络后发布出去，所有在网络社区内的网民就都能够看到。

当然，想要使网络社区的信息具备很强的传播性，就需要宣传内容有足够的吸引力。第一个要点就是信息要足够新，营销信息的内容最好能与时下的流行要素结合起来，如流行的网络用语，流行的电视剧、电影，或者是全民热议的事件，搭上“顺风车”才能让信息更加醒目。第二个要点是要简洁，信息只有足够简洁才能使网友更容易看下去，更容易记住，也就更容易传播。第三个要点是要有趣，趣味性是网络信息的一个很重要的要求，只有让网友感到“好玩”，他们才会去自发的传播推介。

信息传播
有趣
新
简洁
想要使网络社区的信息具备很强的传播性，
就需要宣传内容有足够的吸引力。

第三节

网络社群营销的五个步骤

网络社群营销，无论在理念和方法上，都和传统的社群营销有很大的不同，如果还按照以往的营销方式在网络社区中大搞单方面的广告攻势，最终只会遭到广大网民的“口诛笔伐”，搞得自己“灰头土脸”。在网络社区，就要遵照它的特点开展新型的营销活动。

包装具备话题性和自发传播性的“病毒”

现在有许多企业和商家在网上发帖、发微博，进行网络社群营销，但是帖子和微博的内容不仅乏味，而且广告性质明显，其效果可想而知，网友不予理睬也就罢了，更坏的情况是引起他们的反感，使得产品和企业遭到“全面封杀”。

网络社群营销，只有以创意为出发点，让网友拍案叫绝，才能够不动声色地引爆舆论传播。制造具备话题性和自发传播性的“病毒”，才是脱离网络社群营销泥沼的正道。

雀巢推出的“笨 NANA”雪糕风靡一时，不光是凭借可爱的外形和像香蕉一样可以剥开来吃的新奇创意，同样也离不开网络的推波助澜。

“笨 NANA”雪糕刚上市就引来了关注，而且迅速走红网络，成为了网友追捧的对象，商家也适时地宣传和引导，加速了网络口碑的传播。同时在线下，商家采用了“饥饿营销”的手段，各大地区都陆续出现断货情况，这就更引发了消费者的好奇。好不容易买到雪糕的消费者都会拿起手机拍张照片，发条微博，晒一晒自己的成果，吃“笨 NANA”雪糕瞬间成为了一件有面子的事情。仅仅通过消费者的自主传播，就已经为产品带来了极高的关注度。

“笨 NANA”雪糕的营销成功，关键就在于具备话题性，尤其是商家采用“饥饿营销”之后，进一步强化了话题性，引得广大消费者竞相“晒雪糕”，自发地进行传播。

网络营销成功的关键，其实就在于调动网友的宣传力量，发挥每一个自媒体的机能，而要达成这样的效果，就要求产品或是活动具备充足的话题性，这样才能引发网友的自主传播热情，营销才能成为快速传染的“病毒”。

网络营销成功的关键，其实就在于调动网友的宣传力量，发挥每一个自媒体的机能。而要达成这样的效果，就要求产品或是活动具备充足的话题性。

充分调动网友参与话题

网友的积极参与，才是让营销内容更醒目、更火爆的最大推动力。在论坛里，网友回复数量多的帖子才能热起来，在微博上，转发量和评论数多的博文才能火起来。如果网友不参与，那你的营销内容只能是原地踏步，最终被挤到一个没有人能发觉的角落中。

凡客诚品的知名度暴涨，绝对离不开“凡客体”的功劳。“凡客体”最初只是一段广告宣传文案，意在戏谑主流文化，彰显品牌个性。原版的文案是代言人韩寒的一段自我介绍。“爱网络，爱自由，爱晚起，爱夜间大排档，爱赛车，也爱59元的帆布鞋。我不是什么旗手，不是谁的代言，我是韩寒，我只代表自己 。我和你一样，我是凡客。”

自此之后，引来了广大网友的围观，广大网友也竞相恶搞，充分发挥自己的想象力，将代言人掉包成各种名人，“凡客体”瞬间火了起来，网友调侃道：“在‘凡客体’世界，只有想不到，没有看不到。”而商家也趁机借势，通过官方微博搜集网友的各种广告PS版本，进一步扩大了知名度和影响力。

凡客诚品的成功营销，关键就在于调动了众多网友参与了话题，“凡客体”不仅有趣，符合广大年轻网友的心态，而且结构简单，每个网友都可以参与进来，设计出属于自己的凡客文案。

网络营销的传播，仅靠企业和商家自己来推行，效率无疑是很低下的。网络时代，尤其是自媒体时代的到来，最大的变化就是信息的交互性，如果调动了网友的参与热情，企业和商家就等于多了许多网络宣传媒介。

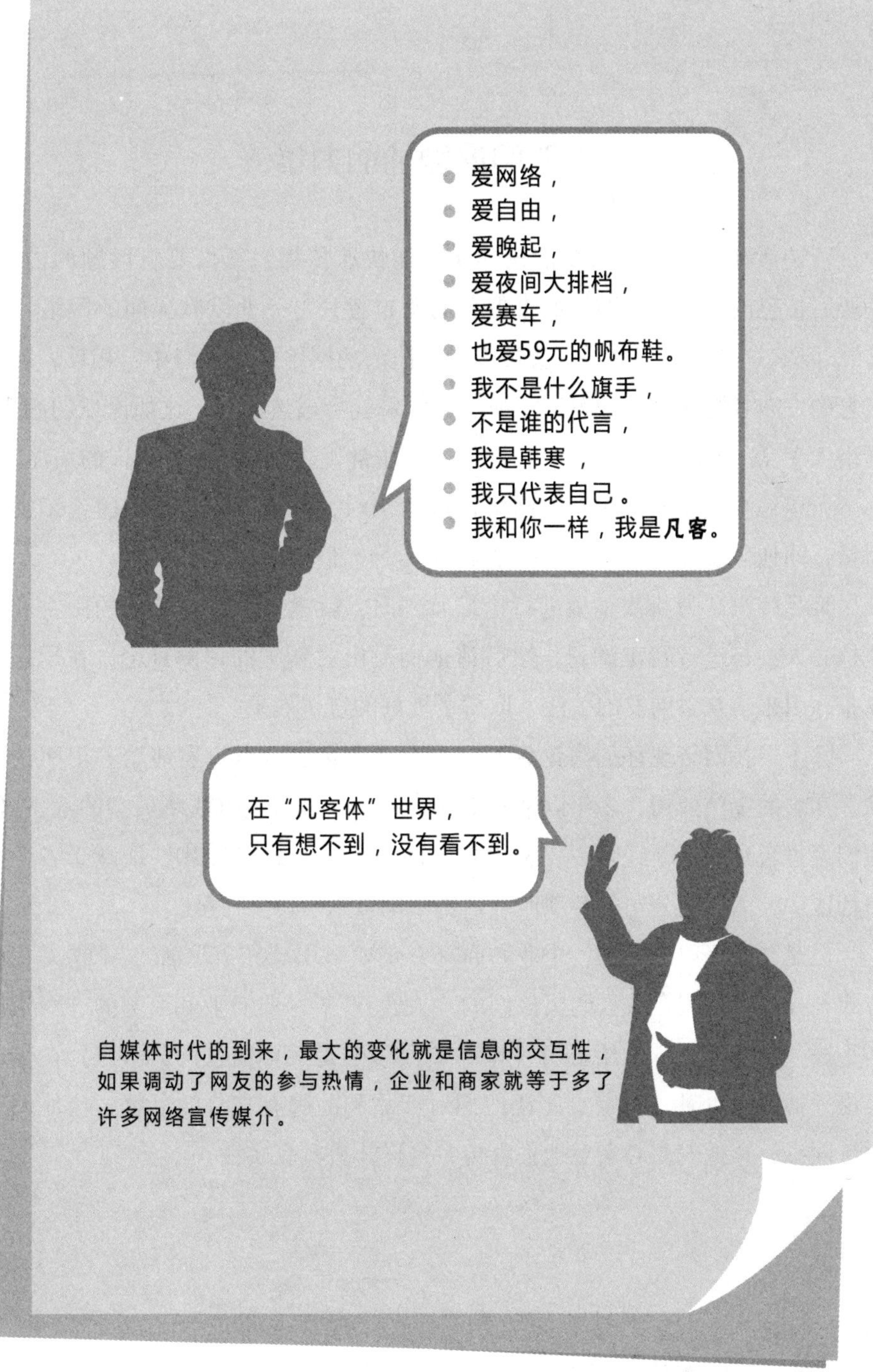
爱网络，
爱自由，
爱晚起，
爱夜间大排档，
爱赛车，
也爱59元的帆布鞋。
我不是什么旗手，
不是谁的代言，
我是韩寒，
我只代表自己。
我和你一样，我是凡客。
在“凡客体”世界，
只有想不到，没有看不到。
自媒体时代的到来，最大的变化就是信息的交互性，
如果调动了网友的参与热情，企业和商家就等于多了
许多网络宣传媒介。

借助舆论领袖的力量

营销话题能不能使网友信任，能不能快速传播，不仅要看话题的内容，还要看信息的发布者是谁。如果信息的发布者只是一介默默无闻的网络“菜鸟”，那么这条信息很容易就会被淹没于茫茫的网络信息大海中。相反，如果信息的发布者是网络中的舆论领袖，那效果就会截然不同，比如论坛的版主、网络大V等，他们发出的信息，即使内容非常普通也会引来许多人的关注。

所以，企业和商家在开展网络社群营销时，一定要注重借助舆论领袖的力量，同他们展开合作，借他们之手发布及传播营销信息。

某品牌汽车为新款车型进行论坛营销时，就邀请了汽车论坛的版主和一些核心人物，进行新车试驾，然后请他们写出对新车的评测日记，在论坛上发布，引来了众多网友的关注，取得了极好的宣传效果。

除了寻找网络现存的舆论领袖，企业和商家也可以自发地培养出舆论领袖。知名的宝洁公司，多年以来就不断培养了一批又一批联络员型的消费者，他们经过自身的不断经营，化身为各大网站、论坛的知名ID，活跃于各个网络社区中，为宝洁公司的各项网络营销活动贡献了许多力量。

但是，对于舆论领袖，企业和商家一定要采用“招安”而非“收买”的方式，如果只是用金钱去购买他们的“发言权”，一旦企业和商家的“舆论欺诈手段”被曝光，那么给自身带来的负面影响是无可估量的。所以，在借助舆论领袖的力量时，一定要先让他们对产品和品牌有充分的了解，让他们产生认同感，让他们真心实意地去宣传，这样才更具真实性。

借助网络舆论领袖的力量

发布及传播营销信息
引来众多网友的关注

自发地培养出舆论领袖

“招安”而非“收买”的方式
产生认同感、真心实意地去宣传

真诚沟通才是胜道

在任何营销活动中，真诚沟通都是企业和商家必须严格遵守的原则之一。而在网络社区中，真诚沟通显得更加重要。

真诚沟通，首先就表现在营销内容的真实性、可靠性，一定不能掺杂任何夸大或虚构的成分。在网络社区中，人们对事物的判断已不再是只依靠自己，而是借助来自五湖四海的广大网友的集体智慧来判断，所以，在网络中弄虚作假，很容易被揭穿，也很容易和网络社区群体间形成对立的紧张关系，不但营销做不成，“骗子企业”的恶名甚至会迅速传到网络的各大社区之中。

当然，企业和商家不可能保证自身始终完美无瑕，不经意的疏漏，不可控的客观因素，消费者的误解等，都会带来舆论危机。

以无微不至的人性化服务著称的“海底捞”，在2011年的时候也曾一度深陷“勾兑门”事件，给企业带来了巨大的信任危机。

但面对危机，“海底捞”方面没有任何的狡辩或推诿，反而第一时间在官方微博上向广大消费者致歉，并表示会全力配合媒体及相关部门接受调查。同时，老板张勇也在个人微博上坦诚，“这些年，一会儿捧，一会儿揍，有点儿乱，有点儿难。”并表示，一定真诚地接受公众的监督和检查。

这种公开、真诚、敢于负责的沟通态度，很快就争取了许多消费者的宽容和谅解，这场严重的危机也慢慢地平息了。

无论任何时候，和客户进行争辩，输的人只会是商家自己。面对危机，强硬地对抗，或是口若悬河地辩解，通常只会进一步激化消费者的不满情绪，使危机加剧。真诚沟通，才有可能获得客户的信任和赞同，才是应对危机的最好处理方式。

海底捞官方微博

我们会全力配合媒体及相关部门接受调查。

这些年，一会儿捧，一会儿揍，有点儿乱，有点儿难。我们一定真诚地接受公众的监督和检查。

面对危机，强硬地对抗或是口若悬河地辩解，通常只会进一步激化消费者的不满情绪，使危机加剧。真诚沟通，才有可能获得客户的信任和赞同，才是应对危机的最好处理方式。

建立品牌社区

品牌社区，是由一部分对某一品牌有特殊偏爱，产生心理共鸣的消费者组织起来，形成的一种网络社区形式。

品牌社区能够加速品牌在消费者之间的传播，能够迅速拓展客户数量。品牌社区能够将竞争对手隔绝于“高墙”之外，对品牌产生认同的消费者会具备更高的忠诚度，甚至会对其他品牌的同类产品感到厌恶。品牌社区还能够为企业和商家提供大量的信息反馈，这些来自于忠实客户的反馈信息，对于产品和服务的改善有着巨大的帮助。

虽然品牌社区对于企业的品牌战略有着非比寻常的意义，但是企业不能强求，如果强行创建品牌社区可能会带来适得其反的效果。品牌社区必须是基于消费者源自内心的兴趣、喜好、信仰而自然形成的，才能发挥出最佳功效，任何功利性的干涉都会使其“变味”。

所以，企业要做的是发现处于雏形阶段的品牌社区，并积极培育，关注品牌社区内消费者的关注点，满足他们的需求，加深他们的品牌信仰，促使品牌社区加速成长，以达到事半功倍的效果。

品牌社区的形成与维系，也需要企业进行适当的引导。

1. 培养消费者对品牌的认同

品牌认同是品牌社区形成的前提，消费者只有对品牌产生狂热的喜爱之情，才会自发地形成品牌社区。所以，企业要明确消费者选择品牌的影响因素，对这些因素深度挖掘，提供让消费者更满意的产品和服务，这样才能加深他们的品牌认同感。

培养消费者对品牌的认同

- 关注品牌社区内消费者的关注点
- 满足他们的需求
- 加深他们的品牌认同感

培养消费者之间的相互关系

- 以品牌消费者认同的价值观为出发点
- 设计品牌宣传口号

2. 培养消费者之间的相互关系

消费者之间的相互关系是品牌社区维系的关键所在，消费者对于使用自己认同的品牌的人总有一种独特的亲近感，企业应当借助这种情感，以品牌消费者认同的价值观为出发点设计品牌宣传口号，使消费者继续保持品牌忠诚，并吸引其他具有相似价值观的消费者。

第七章

效果加固：活动结束不等于营销结束

第一节 建立长期合作关系

一轮活动的结束不是社区营销的结束，而是新一轮活动的开始。想要使社区营销取得最大成效，使社区成为企业和商家的一块稳定市场、一条稳定渠道，就要保持社区营销的长期性，逐步增加在社区内的知名度和影响力。而社区营销长期性的保持，就需要企业和商家在社区内部建立长期的合作关系。

社区的便利店

社区的便利店是企业和商家的最好“战友”，是企业和商家稳固社区地位，持续不断地输出产品和品牌影响力的“前线基地”。

社区营销终归不能作为一种长期持续的、稳定的销售渠道，想使产品能不断地销售，还是要借助社区便利店的力量，同社区便利店开展合作，让其长期代理销售你的产品，这是面向社区持续销售、持续影响的最佳途径。

社区便利店也能成为企业和商家的长期宣传点，对于展开合作的便利店，企业和商家可以请求店主在店内张贴产品和活动的宣传海报，让每一个进便利店消费的客户都能接触到宣传信息。甚至可以赞助便利店制作商店招牌，将产品或品牌信息在招牌中展现出来，能取得更佳的宣传效果。

社区便利店同时是企业和商家的“侦察哨站”，当产品销售出现异常时，社区便利店能够第一时间发现问题，并能通过向社区居民询问、调查异常原因，反馈给企业和商家，而企业和商家不仅能够及时地发现问题，还能更容易地找出原因，从而制定出应对措施。

社区便利店也能够迅速地发现社区的商机，社区内近期流行的产品，社区居民近期感兴趣的产品，迫切的需求等，社区便利店都可以在日常的经营和交流中略窥一二，这些信息对于企业和商家的产品战略、营销战略的制定和调整，有着重大的参考价值。

想使产品能不断地销售，还是要借助社区便利店的力量，同社区便利店开展合作，让其长期代理销售你的产品，这是面向社区持续销售、持续影响的最佳途径。

社区的保安

社区的保安，不仅在企业和商家进入社区的时候能起到巨大的作用，在建立长期合作关系中，同样也是好帮手。

有许多营销人员，抱着功利的思想和社区的保安接触，开展活动时，百般殷勤，活动一结束就立刻形同陌路，这种处事方针显然不利于建立长期的合作关系，保安不仅不会对你敞开心扉，还会认为你是个唯利是图的人，戒备心理反而会更加严重。

在进行客户回访时、进行市场调查时，顺便和保安打声招呼，随便聊两句，就可以让对方很好地记住你。交流时不要总是以营销为话题，更多地要聊一些家常，聊一些保安感兴趣的话题，这样才能更快更好地处好关系。

和保安建立良好的关系，营销人员还可以适时地询问最近社区内有无重大事件，或是开展了哪些活动等，这些都可能成为在社区内开展新一轮营销活动的由头。在获得许可的前提下，营销人员还可以将宣传海报贴在门岗室旁，对于每天都要进出社区的居民来说，这是他们最容易接触到宣传信息的地方。

公司推出新产品，计划开展营销时，先免费给保安送一件，或是提供试用，顺便问一下他的使用感受，问一下他认为该产品在社区的市场前景如何。既增进了和保安的关系，也能够作为市场调研的开端，可谓一举两得。

你好，好久不见，
最近怎么样？
你好你好，挺好，
你这是做客户回访吧？
保
安
室
和保安建立良好的关系，营销人员还可以适时地询问最近
社区内有无重大事件，或是开展了哪些活动等。

社区的集会场所

持续地宣传是保持社区营销延续性的有效方法之一，定点的宣传可以使社区居民在活动结束后仍然能够持续不断地接触到产品和品牌信息。

后续宣传的主要目的是绵延不绝地向社区居民传输信息和印象，宣传力度可以不必像活动前的宣传那样强，因此后续宣传地点和方式的选择十分重要，利用社区的集会场所进行海报宣传是一个理想的选择。企业和商家在同社区管理者接触沟通的过程中，务必要争取到集会场所宣传栏的长期使用权。

同其他宣传方式相比，在集会场所张贴海报进行后续宣传有以下三个优点。

1. 有效性

社区集会场所是汇集社区人流的最佳地点，社区内部开展的各种活动，进行重要事项的通知，都会使用到集会场所。并且，在平日，集会场所也会被社区居民作为晨练、散步、聚会的场所。因此，在集会场所宣传能保证宣传信息的最大接触量。

2. 经济性

比起宣传单楼楼贴、户户发，在集会场所进行统一的宣传更加经济实惠，能最大限度地节约宣传成本。与其将财力浪费在量产宣传单上，将人力浪费在宣传单张贴发放上，还不如集中资源设计制作有吸引力、有创意的大型海报，不仅省钱省力，也许还能取得更好的宣传效果。

3. 文明性

社区居民不会关心你发了多少张宣传单，不会关心你在宣传上做了多少投入，这些无法赢得他们的好感。比起口头上宣扬产品是可靠的，还不如用实际行动表明企业和商家自身是可信的。在社区集会场所的宣传栏进行集中宣传，不仅避免了滥发、滥贴宣传单对居民生活环境的破坏，还能让居民感受到企业和商家的文明气质，赢得居民的好感，这本身就是一种内在宣传。

海报
有效性
经济性
文明性

多媒体信息发布系统

信息化的浪潮席卷了社会的每个角落，也唤起了人们对社区的更高要求，数字化、信息化社区将是住宅小区建设的必然趋势，多媒体信息发布系统的建设和普及就是这种趋势的表现之一。

多媒体信息发布系统就是利用各种多媒体技术和设备，同时处理、编辑、展示两种以上不同类型的信息媒体，如文字、声音、图像、视频等。多媒体信息发布系统的显示设备是人们获取信息的窗口，其有许多种类，如液晶电视、LED 大屏幕、多屏幕拼接显示器等。

如今，已有一些高端社区内配备了多媒体信息发布系统，用以提高物业工作管理效率，发布水、电、燃气、暖气等相关物业信息，或是发布紧急通知、即时信息等。与传统的口头通知、书面通知相比，多媒体信息发布系统能够提供更加及时、全面、丰富的资讯报道，优质、高效的信息服务，营造全新的社区文化氛围。

除了作为物业管理的工具，社区的多媒体信息发布系统同样也能成为企业和商家的宣传平台之一。企业和商家可以直接找到物业或开发商负责人，商讨多媒体信息发布系统的租用、费用等问题，在物业的工作宣传之余播放企业或产品广告。

与传统的海报、宣传单、广播宣传相比，多媒体信息发布系统最大的优势就在于宣传内容的丰富性，文字、声音、图像、视频的有机结合能够进行更形象的展示，给社区居民留下更深的印象。同时，相比纸质媒介的宣传，这种数字化宣传可以做到不留痕迹，不会有影响美观、破坏社区环境的困扰。

另外，当宣传内容需要变更时，企业和商家可以将新制作的宣传内容通过网络媒介传输给社区物业，请他们更换发布信息，实现远程操控，而不需要再另派人员到社区内交涉、张贴新的宣传广告，既节省了人力，也确保了信息发布的即时性。

多媒体信息发布
宣传内容丰富
不会影响美观
不会破坏社区环境
实现远程操控
节省人力
电梯

第二节
保持活动的长期性

社区内的营销活动是短暂的，想要让社区居民记住企业、记住品牌，单单靠一场活动是不够的，需要时时刻刻地“提醒他们”。通过品牌和口碑影响，发挥出营销活动的余热，能够有效地延长活动的“寿命”。

归属心理：对品牌的信任、依赖和期望

在产品同质化日益严重和消费者消费习惯不断演进的今天，品牌已成为企业获取竞争优势的主要源泉。究其原因，主要是品牌为企业与顾客搭建了心理沟通的纽带和桥梁。通过品牌，企业与顾客之间形成了彼此承诺的心理契约关系，这正是客户产生归属感的心理动因。

1. 信任

品牌值得信赖是归属心理的基础，如果产品的质量本身不合格、不稳定，那么想让客户产生归属感也是天方夜谭。比如格力推出一款新空调，海尔推出一款新冰箱，我们通常会先关注新产品的性能和特色，而不会去担心质量问题，这就是对品牌的一种信任。

2. 依赖

优秀的品牌产品，不是让消费者觉得够用，而是要让消费者觉得好用，让消费者换一款同类产品感觉不习惯，这就是一种品牌依赖，也是品牌忠诚度的源泉。我的一个朋友，最初不是“果粉”，刚好中奖中了一台 iPhone 便用上了，起初他觉着也没啥特别，但有一次他换回之前使用的手机后感觉到各种使用上的不便，在最初使用 iPhone 时没有在意的小细节，现在才发现是人性化的设计，于是很快他又自己掏钱买了一款 iPhone。

3. 期望

消费者面对自己钟爱的品牌推出的新产品时，如果发现优秀之处会不吝惜言辞地大加赞赏，同时面对让自己失望之处也会严厉批评，其实这就是“粉丝”心理，是一种对品牌“爱之深，责之切”的期望。每一个品牌的“粉丝”，都希望品牌能在保持自己特质的前提下越来越好，越来越强，这样他们才更有自豪感、成就感，他们已经把自己看作了品牌的一部分，对品牌的期望实质就是归属心理的终极体现。

信任
期望
归属
心理
依赖

活动结束后，在社区继续开展相关活动

在社区内开展的营销活动主体结束后，不代表活动就彻底完结了，企业和商家仍然可以选择不受时间、地点影响的活动的一部分或一个环节继续开展。

例如，产品的降价优惠策略，在活动结束后仍然可以在店内施行一段时间，保证影响力。或者某些营销活动现场，企业和商家推出的一些免费检测、免费维修服务，在活动结束后仍然可以继续开展，提供上门服务。

小梁是一家零售店的经营者，他的店铺刚刚在一个社区内开展了商品促销活动，取得了不错的效果。当他准备“鸣金收兵”时，附近的一家老商户提醒他，最好能持续开展一些相关的小活动，否则消费者很快就会忘了你的店铺，再度开展营销时也会更费时费力，最坏的情况是消费者不再认可你了。

小梁听后，觉得有道理，于是在活动刚结束，他就在社区内宣传，收集齐一定数量的饮料瓶盖或是零食包装盒、包装袋，就可以到他的店里免费兑换相应的商品。通过这类相关的活动，让营销活动的影响力进一步地维持了下去，小梁的零售店在社区内的名气也越来越大。

消费者总是“健忘”的，尤其对于一些知名度不高的企业和商家，想要通过一次营销活动就给他们留下深刻印象是不现实的，不断地持续开展相关活动就是一种对社区居民的提醒，让他们始终能够记着你。

想要通过一次营销活动就给消费者留下深刻印象是不现实的，不断地持续开展相关活动就是一种对社区居民的提醒，让他们始终能够记着你。

买卖双方信息的及时沟通

活动有时限，但是买卖双方的沟通交流并没有时限，及时地进行客户回访，向客户传达对他们有益的产品信息，倾听他们的感受和意见，不仅能提升他们的好感和信任，也是对社区居民不断呈现营销活动内容，保持长期性的一种方式。

小高是一家企业的营销人员，这一天，他在一个开展过营销活动的社区内进行客户回访。在活动刚刚结束后，企业就安排他在社区内一家家地拜访客户，并保持每月一次登门拜访的频率，这已经是他的第十次回访了。

“您好，宁先生，又来打扰您了。”小高向客户打了招呼。

“啊，小高啊，又是公司安排的例行回访吗?”

“是啊，看看您买的产品有没有又出现什么问题。”

“没什么，挺好的，自从上次你帮我维护了一次后再没出现过啥毛病。”

“那太好了，其实，这次还有另一件事通知您，我们公司在三天后会再在你们小区开展一次活动，这张宣传单是活动介绍。”

“好的，回头我先看一下，等活动那天我一定去。”

“随时恭候您的光临，那我就先告辞了。”

这家企业安排营销人员与客户始终进行不间断的联系，显然起到了效果，客户对该企业以及他们所开展的活动记忆犹新，所以当听到要开展新的活动后也迅速做出了参与的承诺。

沟通始终是维持关系的重要方式之一，这点对买卖双方也是一样的。每一次及时的信息沟通，都是让客户进行一次活动回想，都是让客户对企业加深一点印象的事件。

沟通始终是维持关系的重要方式之一，这点对买卖双方也是一样的。每一次及时的信息沟通，都是让客户进行一次活动回想，都是让客户对企业加深一点印象的事件。
卖
买

即使客户没有购买，也要诚心对待

有两家企业，都在社区内开展了营销活动，并且都取得了一定的效果，两家企业中参与活动的人员都认真记录了客户信息，作为回访以及下次开展活动的资料。不过区别是，A 企业只记录了在活动中购买了产品的客户信息，而 B 企业，无论客户有没有购买，只要来到了活动现场，都尽可能请他们留下了个人信息。

于是在进行回访时，A 企业自然只安排营销人员拜访了购买过产品的社区居民，而 B 企业则是安排营销人员对所有参与过活动的客户都进行拜访，对于购买过产品的客户，就询问他们的使用感受以及问题意见，对于没有购买产品的客户，就向他们推荐一些他们可能感兴趣的其他产品或服务。

两种截然不同的服务方针的结果，在后来一次的营销活动中展现得淋漓尽致，参与 A 企业营销活动的几乎仅限于以前购买过产品的老客户，而参与 B 企业营销活动的则要比上一次的人数更多。

A、B 企业营销活动效果的前后反差，就在于他们对待客户的不同态度。有许多企业，表面说着为客户服务，实质上都是在为钱服务，对掏钱的客户笑脸相迎，对没有掏钱的客户冷眼旁观，这是一种严重错误的理念。

客户这次没有购买，不代表下次不购买；对这款产品没兴趣，不代表对其他产品都没兴趣。只有对每一位潜在客户都用同样热情、真诚的态度去沟通、去服务，才能够获取更广阔的客户资源。

虽然您当时没有购买我们的产品，我们根据你所咨询的信息，特地向您推荐一些您可能感兴趣的产品，您可以参看一下。

好的，谢谢。

客户这次没有购买，不代表下次不购买；对这款产品没兴趣，不代表对其他产品都没兴趣。只有对每一位潜在客户都用同样热情、真诚的态度去沟通、去服务，才能够获取更广阔的客户资源。

利用关系引发口碑传播

口碑传播是扩大和维持营销影响力的最佳方式，在社区中树立起良好的口碑，就不用再担心营销热度急速消退，品牌无人关注。

便利的口碑传播条件，是选择在社区内开展营销活动的重要因素之一。社区居民之间相互熟悉、相互信任的生活关系，是催化口碑传播的良好“土壤”和“肥料”。除了社区居民自发地进行口碑传播，企业和商家也可以通过一定的步骤来点燃口碑传播的“引线”。

1. 发现典型消费者

口碑传播的发起者往往是对产品有着浓厚兴趣和极高评价的消费者，产品的某些功能、品牌的某种形象恰好完全针对了他们的需求和心理，这类人群就是企业的典型消费者。营销人员可以在活动及回访中，通过交流和观察，来发现谈起产品来显得最兴奋的消费者，这就是我们要找的客户。

2. 与典型消费者展开积极的互动交流

如果你所钟爱的某个品牌派遣工作人员来和你探讨产品的优缺点，甚至是讨论产品的进化方向，你是不是会感觉很激动、很荣幸？对于典型消费者来说，能和自己喜爱的产品或品牌“亲密接触”无疑是一大幸事，也会更加加深他们对产品和品牌的感知与认同。

3. 用优质的产品和服务刺激口碑传播

典型消费者希望得到什么样的产品和服务，企业和商家就提供什么样的产品和服务，让他们的需求得到满足，让他们感到被重视和尊重，他们便会对企业和商家更加青睐，他们会情不自禁地去宣传、去推荐，这就是我们需要的口碑传播。

口碑传播
点燃口碑传播的“引线”
发现典型消费者
与典型消费者展开积极的互动交流
用优质的产品和服务刺激口碑传播

作　者： 李锋　葛静　　**定　价：** 39.80 元

出版社： 中国财富出版社

《社群营销》内容简介

本书共分为七章，采用图文并茂的表现方式，从进入社区的方式方法，到营销活动的调查、策划和准备，再到活动的开展、互动，以及最后的活动效果的长期维持，全程为您展现社群营销的方方面面，进行细致入微的介绍。本书还专门展开一章着重介绍了网络社群营销，详细叙述了在网络时代社群营销的新平台、新方式，使您能结合线上及线下，同时铺开营销活动，取得更理想的营销效果。

作　者： 孙军正　王乐平

定　价： 35.00 元

出版社： 中国财富出版社

《文化与人才突破》内容简介

在信息时代的商业竞争中，一家成功的企业不仅需要优秀的产品和强大的品牌作为保障，还需要自身独特的文化烙印；在创新成为主旋律的今天，人才是创新的源泉，企业发展需要一大批优秀的人才。本书围绕文化突破与人才突破两个部分，着重阐述了缔造企业文化的方法，以及如何构建企业现代战略人力资源管理系统，为企业发展提供人才支持。

作　者： 孙军正　刘明勇

定　价： 35.00 元

出版社： 中国财富出版社

《战略与运营突破》内容简介

本书分为战略突破和运营突破两个部分，在战略突破这部分，着重阐述了战略对于现代企业的重要性，以及企业如何才能够获得战略性的成功；在运营突破这部分，着重介绍了5I运营管理机制模式。希望这本书能够帮助企业突破自身的局限性，进入到更广阔的发展空间里。也希望这本书能够帮助个人，突破自我，在企业中获得更多更好的发展机遇。

作　者： 曾文

定　价： 35.00 元

出版社： 中国财富出版社

《像恋爱一样去工作》内容简介

本书从“和工作谈恋爱”的思路出发，为了帮助职场达人更好地建立“和工作谈恋爱”的工作思维，作者给出了明确职场工作意义、全身心投入工作、树立高目标、坚持带来力量、让自己更优秀、不断进行创新等相关方法。全书内容深入浅出，行文严谨而不失幽默，用翔实的案例、准确的逻辑和清晰的语言，为职场人摆脱工作倦怠、打造良好工作氛围设计和规划出一条行得通的道路。

*注：中国物资出版社已于2012年4月1日起正式使用新社名“中国财富出版社”。

QIYE CHENGZHANGLI SHUJIA
企业成长力书架
助力企业成长

中国财富出版社
北京联大文化 联合出品

作　者： 吴群学　　**定　价：** 35.00 元

出版社： 中国财富出版社

《管理就这几招》（第二版）内容简介

本书第一版在持续两年的热销之后，作者吸取了很多专家的建议和企业一线的管理经验，隆重推出了第二版。全书在第一版角色管理、目标管理、团队管理和自我管理的主体框架不变的基础上，对部分管理经验和方法进行了补充和完善，使之更贴近企业实际，更顺应时代赋予管理的各项职能，简单实用。

作　者： 吴东

定　价： 32.00 元

出版社： 中国财富出版社

《九型人格与卓越销售力》内容简介

本书依据“九型人格”理论，将销售人员遇到的顾客分为九种不同的类型，通过探讨每种类型顾客各自的优势和弱势，分析他们在购买商品与谈判中的“心理弱点”。最终，教会销售人员如何牢牢抓住顾客的心理弱点、掌握他们的思维方式、学会与他们的对话技巧，以此提高销售技能，卖出更多的产品。

作　者： 高乃龙

定　价： 32.00 元

出版社： 中国财富出版社

《夹缝中的利润：小微企业的生存赢利之道》内容简介

和世界 500 强相比，中国企业是小微企业；和中国 500 强相比，中小企业是小微企业。我国的小微企业是解决就业问题的主要力量，但小微企业的发展却面临困难。本书是帮助小微企业突破自身困境的第一本实战书籍，书中结合企业案例现身说法，通过独到的分析、有效的定位和精准的策略，最终帮助小微企业实现可持续发展。

作　者： 高子馨

定　价： 32.00 元

出版社： 中国财富出版社

《形象决定身价：职场人全方位获得成功的 6 个魔法》

内容简介

你一定羡慕过那些商界、政界精英们翩翩的风度；你一定渴望着在别人面前表现得潇洒自如。个人形象是个人竞争的软实力，纵然你有很高的学历，纵然你经验丰富，如果没有良好的个人形象，你也很难取得成功。本书从什么是个人形象出发，通过生动形象的事例论述，专业权威的建议提示，帮助你一步步提升个人形象和气质。相信你能够在书中找到你尚未成功的原因，也能够找到通向成功的捷径。

QIYE CHENGZHANGLI SHUJIA

企业成长力书架

助力企业成长

中国财富出版社 北京联大文化 联合出品

作　者： 付述信　　**定　价：** 32.00 元

出版社： 中国财富出版社

《职业化团队五项管理》内容简介

本书从五个方面阐述了打造职业化团队的管理方法：目标管理、团队精神管理、执行力管理、责任管理、结果管理，以此对团队运营和团队成员的能力提出要求。全书的内容是以经典的案例开篇，使每一个读者可以从故事中领略到管理的奥妙，经过对案例的分析，给出最恰当的管理方法。用最浅显易懂的语言概括出了管理团队的精髓，旨在让每一个读者明白，打造职业化团队并不是深不可测的。

作　者： 刘逸舟

定　价： 35.00 元

出版社： 中国财富出版社

《说服的力量》内容简介

是否具备说服的能力决定了你生活的顺利程度、决定了你事业上的发展、决定了你是否是个具备影响力的人，甚至决定了你能否掌控自己的人生。掌握了说服力的人，能够使他人遵从自己的意愿，能够使他人自愿地帮助自己，能够把陌生人变成好友，把冲突化解为无形，使家庭中的关系更加和谐。

本书全面揭晓说服中的奥秘，通过专业的分析与归纳，帮助你建立自己强大的说服力和影响力，使你避免在人群中人云亦云、随波逐流！

作　者： 刘星

定　价： 32.00 元

出版社： 中国财富出版社

《职场 360 度沟通：职场人交流得力的完全沟通术》内容简介

人脉是成功的关键。那么，这人脉从哪里来呢？需要你去开发、去构建，方法就是发挥自己的心思，抓住遇到的每一个人，去好好地沟通、交往。良好的人际交往能力是形成雄厚人脉资源的不可缺少的要素。本书即讲述了各种最适合职场达人或菜鸟们学习、运用的沟通技巧，掌握这些沟通技巧，即会成为打遍职场无敌手的精英高手。从现在开始，努力修养自己的沟通能力，成为战无不胜、可以搞定任何人的职场达人吧。

作　者： 蒋巍巍

定　价： 32.00 元

出版社： 中国财富出版社

《冲突管理：化冲突为转机的 9 个步骤》内容简介

现代商业社会竞争日益激烈，企业稳定的重要性不言而喻。不管什么样的企业，都应当及时处理冲突，不让冲突激化，才能有更多的精力提升核心竞争力，从商业大潮中脱颖而出，走上成功的巅峰。在这本书里，我们将为管理者带来全新的思路和手段，从冲突的源头，到冲突的结果，一一为管理者详细解读，彻底解决“冲突到底要怎么管”这一职场难题。

QIYE CHENGZHANGLI SHUJIA
企业成长力书架

助力企业成长

中国财富出版社
北京联大文化 联合出品

作　者： 张友源　　**定　价：** 29.80 元

出版社： 中国财富出版社

《左脑情绪管理　右脑压力管理》内容简介

大脑是人体的中枢，人生所追求的工作幸福、生活幸福，其实都隐藏在人类的大脑中。本书的独到之处在于提出了人类大脑的功能分区问题，主张每一个人都应该科学地使用好自己的左右脑，以使自己生活得幸福，在工作中享受到幸福感。作者认为，人类的左脑控制着情绪，而右脑则控制着对压力的感受，当左右脑彼此结合起来使用或交替使用时，就可感受到幸福，由此而揭示了幸福的神秘密码。

作　者： 杨长征

定　价： 35.00 元

出版社： 中国财富出版社

《领导三斧半：100% 实现目标的领导智慧》内容简介

什么样的领导才能带领团队走向成功？如何做才能称得上是“优秀领导”？本书从古代名将——程咬金的“三板斧”入手，通过形象的语言、生动的案例及清晰的分析，将领导者的工作智慧总结为“领导三斧半”：瞄、抡、砍、变。灵活运用“领导三斧半”，打造名副其实的“优秀领导者”！

作　者： 郝枝林　刘飞

定　价： 39.80 元

出版社： 中国财富出版社

《渠道为王：找对渠道做销售》内容简介

渠道就是市场，占领渠道就是占领市场。本书从 IBM、DELL 等品牌的实际案例入手，揭示了渠道在市场营销过程中的重要意义。通过渠道理论与实践充分结合，指导实际的销售活动，是一本全面解读渠道战略的实战宝典。

作　者： 陈星全

定　价： 32.00 元

出版社： 中国财富出版社

《谈判攻略：销售这样谈最有效》内容简介

本书是一本结合销售实践和谈判技巧的实用工具书，对销售谈判人员在谈判过程中的不同阶段、消费者的不同心理，以及谈判者应该怎么去面对客户等方面都作了详细的介绍，内容通俗易懂，栏目设置精彩纷呈，可以帮助销售人员从根本上理解销售的本质，提升自我销售境界，对销售谈判人员的工作具有指导作用。

助 力 企 业 成 长

中国财富出版社
北京联大文化 联合出品

作　者： 潘永德　　**定　价：** 26.00 元

出版社： 中国财富出版社

《藏在口中的财富》内容简介

好的口才有着不可估量的价值，是每个人都需要的生存技能，从工作中的求职升迁，到生活中的恋爱婚姻，从人际交往中的说话办事，到事业中的营销谈判，事事离不开口才。

好的口才能使你受益一生，本书正是一本实用口才技巧训练手册，从改善说话声音、表情动作、表达策略等方面重新训练你的口才能力，同时针对生活中与你关系最密切的说话场合，教授你最实用的口才技巧，让你突破语言的障碍，轻松应对各种语言场合！

作　者： 龚光鹤

定　价： 35.00 元

出版社： 中国物资出版社

《领导应该这样当》内容简介

领导是一种经验，领导是一种智慧。本书凝结作者投资大脑近百万的学习精华，巧妙地结合了现代企业快速发展的案例，综合分析了团队建设、投资技巧、建立人脉等领导技能的最新进展，分享了成为优秀领导者的秘诀。通过理论与实践充分结合，将本书打造成提高领导力的终极法则。

作　者： 匡晔

定　价： 32.00 元

出版社： 中国物资出版社

《这样销售最高效》内容简介

销售工作可谓“成也在人，败也在人”，而这个“人”就是销售人员。销售人员是市场销售战略的“先知者”，不仅带领着企业拨开销售的层层迷雾，更为重要的是能够发现销售的真谛。本书把销售实战和理论联系起来，使销售人员能够在赢得客户的过程中充分理解销售理论，从而积累深厚的理论素养，指导实际的销售工作。

作　者： 朱广力

定　价： 32.00 元

出版社： 中国物资出版社

《金牌销售不可不知的 9 大沟通术》内容简介

你是否为自己满腔热情的介绍，客户却无动于衷而烦恼？你是否为自己坚持不懈的努力，产品却无人问津而神伤？你是否为自己勤勤恳恳地工作，业绩却无法攀升而无措？金牌销售的成功战术究竟为何？本书通过分析 9 大沟通战术，结合具体的案例，揭示了成为一名金牌销售的秘密所在。

作　者：吴群学　　**定　价：**32.00 元

出版社：中国物资出版社

《学规则　融团队》内容简介

当你进入一个团队，而自己又不能改变团队的规则，学习和适应规则就成为你进入团队的必修课。记住：学习规则，融入团队，你才能快速地进入职场人的角色。

团队内部的一切问题都来源于规则问题。认识规则、把握规则、利用规则，最终同规则融为一体，才能在职场生存并不断前进。本书将告诉你后 80、90 后职场人快速成长的法则！

职场就是：学规则、用规则、造规则！团队就是：先融入、再切入、后深入！

作　者：蒋巍巍

定　价：32.00 元

出版社：中国物资出版社

《左右逢源：职场人际关系的 9 堂课》内容简介

在职场上，你是否会担心孤立无援？是否会羡慕那些在人际关系上有特别天赋的人？是否希望为自己赢来良好的人际关系？职场成功又该如何界定？本书从职场里的一个个鲜活案例入手，生动地展示了职场中的沟通技巧，让你学会在职场中左右逢源，用人际打开晋升之门。

作　者：于飞

定　价：35.00 元

出版社：中国物资出版社

《向大客户要业绩》内容简介

抓住大客户，就抓住了大订单，抓住了高业绩，抓住了职场前景。所以，抓住大客户是每个销售人员的目标。然而要如何抓住大客户呢？这就是本书的价值所在。应对大客户的方方面面都需要更巧妙的技巧和方法，本书从 20/80 法则入手，帮助销售人员降低在销售工作中的成本投入，并提高能效产出，让销售人员掌握搞定大客户的技巧，在最短的时间拿下最大的订单。

作　者：马斐

定　价：32.00 元

出版社：中国物资出版社

《口碑载道：无本万利的营销方式》内容简介

对于所有企业的市场营销人员或是管理者来说，关注品牌形象和品牌发展，不如先好好了解一下如何做好口碑，这里面的门道究竟几何。本书从各大品牌口碑营销的经典案例着手，透析各家口碑营销之道，从中总结经验和技巧，提示企业市场营销人员及管理者，口碑营销是一门科学，必须认真学习和把握。

作　者：袁一峰　　**定　价：**32.00 元

出版社：中国物资出版社

《卓越从敬业开始》内容简介

爱一行才能干一行，专一行才能精一行。懂得敬业的人生是充实、美丽而快乐的，也唯有如此，才能真正脚踏实地、一步步走向卓越，成为一名卓有成效的员工。本书的出发点就在于让长期停滞不前的职场人士迅速找到桎梏自己职场步伐的原因；牢牢把握鞭策自己敬业而需掌握的心理；轻松学会被细化的、实践性极强的敬业“守则”，最终达到成就卓越的目的。

作　者：吴群学

定　价：32.00 元

出版社：中国物资出版社

《管理就这几招》内容简介

管理说难也难，说简单也简单。本书告诉你，只要掌握 4 招，就能将管理化繁为简，轻松搞定各种企业的各种管理难题。全书以“理论 + 实践”的板块构造为你呈现了企业管理者这一特殊角色所应该具备的各种能力、工作方法和技巧。因此，这是一本现代管理领域的实用之作。

作　者：王占坡

定　价：32.00 元

出版社：中国物资出版社

《万金一线牵》内容简介

与客户打着电话开怀畅谈，没有紧张的开场白，没有局促的自我介绍，气氛和谐又温馨，订单随着电话的结束而落下了成功的定音……这就是电话销售。可能吗？请你不要怀疑这样的场景，因为它真实地发生在我们身边。怎么办到呢？秘诀就在你手中的这本书中。

作　者：马斐

定　价：32.00 元

出版社：中国物资出版社

《赢在谈判》内容简介

我们现在所生活的时代是一个随时随地都可能需要谈判的时代，特别是销售人员更是需要用日复一日的谈判来为自己赢得订单、提高业绩、提高收入、表现能力，令上级刮目相看，得到晋升的机会。本书就是力求让每一位“力拼业绩”、想要在工作中扶摇直上的有志之士可以成为谈判高手，为自己、为公司争取更多的利益。因此，本书是你谈判桌上一本智囊宝典。

作　者：马斐　　定　价：32.00 元

出版社：中国物资出版社

《拿下大客户》内容简介

企业的大多数利润是靠 20% 的大客户来赚取的。一个企业要发展，就需要有相当的利润作支持，而大客户是企业的利润源泉，生存和发展的助推器。如何获得大客户的签单？如何有效应对大客户的各种要求与质疑？请你不要着急，因为你手里的这本书已经为你考虑到了，并提出了相应的解决方案供你参考。

作　者：覃曦

定　价：32.00 元

出版社：中国物资出版社

《服务制胜》内容简介

服务是一个长期工程，不能掉以轻心，也不能因循守旧，我们必须时时刻刻为客户着想，发自内心地为客户服务，真诚地为客户解决问题，注意细节，勇于创新，给客户提供最周到的服务。

本书分节介绍了各种服务法则，详细地帮助你解决服务过程的种种困扰，让你学会怎样达到客户的要求。

作　者：向成学

定　价：32.00 元

出版社：中国物资出版社

《成交从异议开始》内容简介

本书专门针对客户常提出的各式各样的异议提供有效处理的策略与方法。书中列举了大量的销售案例，并大多以情景模式展开，目的便是更好地通过情景模拟来诠释异议处理的策略精髓。如果你还在为客户所提出的各式各样，甚至是千奇百怪的异议、意见、问题而感到头疼，或者说备受困扰，迫切地想要找到解决方法，那么，本书将为你结束困扰。

作　者：曾展乐

定　价：32.00 元

出版社：中国物资出版社

《成交赢在心态》内容简介

心态是一个人一切言行的控制按钮，这个按钮决定着你生活中的一切。你的心有多高，你就能飞多高。只要拥有自己坚定的信念，不管在什么时候也不会被挫折打倒，你不再是一个弱者，而是一个能够改变自己生活的强者。

让你一步步改变自己的生活，让你成为销售中的强者，看本书怎样为你解答，相信你的选择，一定不会让你失望的。

QIYE CHENGZHANGLI SHUJIA
企业成长力书架
助力企业成长

中国财富出版社
北京联大文化
联合出品

作　者： 张野　　**定　价：** 32.00 元

出版社： 中国物资出版社

《成交无限》内容简介

销售员在与客户沟通的过程中，80% 的客户或多或少会感到一些反感，这些反感有时会以某种形式表现出来，有时也会隐藏在客户的心里，成为与客户沟通过程中的最大屏障。那么，是什么原因引起的这种情况呢？面对这种情况该怎么处理呢？相信这本书的 55 个技巧对于需要与客户沟通的人将会非常有用，它对于我们与客户将是一个全新的桥梁。

作　者： 姜登波　李华

定　价： 32.00 元

出版社： 中国物资出版社

《赢在管理》内容简介

本书通过对企业管理深入地剖析、分解，找出企业管理误区，并针对企业管理容易疏漏的地方进行填补，是每个企业管理人员手中的指南针，能够帮助迷途创业的人员找到扎营的地点。书内所阐述的问题新锐、真实，解决方法快速、简便，是现代企业领导者所不能缺少的良师益友，能够教导企业领导者如何做“泥菩萨过河，有招可取”的智人。

作　者： 文征

定　价： 28.00 元

出版社： 中国物资出版社

《做世界上最优秀的员工》内容简介

世界 500 强企业集聚了世界上最优秀的人才。你想成为世界 500 强企业中的一员吗？你想知道世界 500 强企业最欢迎什么样的员工吗？你想知道为什么有的员工能够进入世界 500 强企业，甚至会经常受到众多世界 500 强企业的高薪聘请吗？那么，请看本书为您提供的这 7 种工作习惯，它将为您搭建登上世界 500 强这一豪华巨轮的台阶。

作　者： 邹金宏

定　价： 32.00 元

出版社： 中国物资出版社

《麦当劳成功的启示》内容简介

麦当劳是世界 500 强企业之一，有超过一百万的员工，已经在全球 121 个国家设有超过 31000 家快餐店。麦当劳是一个企业，也是一个王国，一个跨区域的王国。是什么原因让麦当劳如此庞大？如此成功？如此奇迹？它到底运用了什么方法？ 本书通过最真实的笔触，为你提供很多麦当劳成功的智慧和秘诀，使你从中获得有益的知识、借鉴和启发。

QIYE CHENGZHANGLI SHUJIA
企业成长力书架
助力企业成长

中国财富出版社 北京联大文化 联合出品

作　者： 周锡冰　　**定　价：** 18.00 元

出版社： 中国物资出版社

《新员工要懂得的处世心理学》内容简介

新员工大多是在狂涛骇浪里的职场小人物，想要在如今环境糟糕、恶劣的职场上平步青云、如鱼得水，就必须懂得职场的潜规则。本书以大量案例生动地介绍了新员工必须研修的 25 堂职场课程。然而，本书的目的不是描写 25 个职场潜规则，而是为新员工开辟一个顺利的职场人生。

作　者： 李华

定　价： 35.00 元

出版社： 中国物资出版社

《三分管理　七分领导》内容简介

企业的高度不是来源于管理，也不是来源于高效的执行力，而是来源于领导。卓越的领导，决定着企业无限的发展潜力。

21 世纪的领导力不仅仅是领导的方法和技能，也不仅仅适用于领导者，它是我们每个人都应该具备或实践的一种优雅而精妙的艺术。如果你想摆脱刻板的管理者形象，成为一个形象鲜活、拥有更多追随者的魅力领导，请你将本书作为你的智囊宝典。

作　者： 李华

定　价： 32.00 元

出版社： 中国物资出版社

《三分策略　七分执行》内容简介

市场上琳琅满目的执行力图书常销不衰，再一次印证了执行力的课题引起了企业主和从业人员的高度关注，甚至可以说，一个企业是否高效，取决于企业团队执行力的强弱。

如果你是一个企业的中层管理者，而且想提高执行力这一决定职场成败最核心的技能，同时，在不断追求卓越，有加薪升职的愿景，那么，请你阅读本书的观点并实践相应的技能。

作　者： 李华

定　价： 29.80 元

出版社： 中国物资出版社

《三分管人　七分选人》内容简介

从某种意义上来说，企业的竞争就是人才的竞争。作为企业“伯乐”的人力资源经理，如何为企业招聘到像“千里马”般优秀的员工，为企业不断发展适时提供有效的人力资源，已经成为衡量一个人力资源经理是否优秀的核心标准。

本书是专为人力资源经理量身打造的图书，通过学习本书介绍的经验和技巧，你会熟悉并掌握所有管人、选人的全部流程和方法。

针对不同的社区拟订不同主题的方案

现在的社区居民大多从属于一个特定的群体，社区内的居民有着相近的年龄、知识水平、经济能力等，因此社区内部很容易形成强烈的亚文化氛围，这种社区文化影响着居民对于产品和营销的认知和接受程度。

传统的社区一般居民的平均年龄要大，居民相处时间长，相互间的邻里关系更加亲密。而新兴社区正好相反，居民的平均年龄相对较小，且相处时间不长，邻里关系相对生疏。这些都决定着企业和商家对于营销主题的选择。一般而言，年长（40 岁以上）的消费者对于自我教育、健康比较感兴趣。而年轻（30 岁以下）的消费者则追求新潮，追求浪漫，喜好交际。

某绿茶饮品在进行社群营销时，厂商就根据不同的社区采取了不同的主题方案。在传统社区，厂商以“××绿茶能够清除体内自由基，延缓衰老”为主题，开展健康知识讲座活动，吸引消费者的参与。在新兴社区，厂商则以“喝××绿茶，阳光时尚”为主题，在现场开展表演，演唱最新的流行歌曲，引起消费者的注意。

虽然是同一款饮品，但是厂商准确把握住了不同年龄层消费者的关注点和需求点，拟定了能够分别让他们产生兴趣的营销主题，在不同的社区内都取得了良好的推广效果。

社区的平均知识水平和经济能力同样会影响企业和商家的营销主题选择。低端的社区，居民更喜欢一些平易近人、贴近生活的活动。而高档的社区，居民则喜欢高雅的、有格调的活动。针对不同社区主要居民的心理和思想特点拟定不同主题的方案，能引发消费者共鸣，调动消费者的互动积极性。